LE LIVRE DE LECTURE

DES

ÉCOLES PRIMAIRES

SUIVI D'UN

CHOIX DE POÉSIES

AVEC DES NOTES HISTORIQUES, GÉOGRAPHIQUES, ETC.

EXTRAIT

**Des meilleurs écrivains et de livres approuvés par le
Conseil de l'Instruction publique**

PAR

LOUIS DUHAMEL

Auteur de plusieurs ouvrages élémentaires

SEPTIÈME ÉDITION

PARIS	NIMES
LIBRAIRIE D'ÉTIENNE GIRAUD	LIBRAIRIE DE LOUIS GIRAUD
20, RUE SAINT-SULPICE.	BOULEVARD SAINT-ANTOINE.

LOUIS GIRAUD, ÉDITEUR,

1863

LE
LIVRE DE LECTURE

DES

ÉCOLES PRIMAIRES

SUIVI D'UN

CHOIX DE POÉSIES

AVEC DES NOTES HISTORIQUES, GÉOGRAPHIQUES, ETC.

EXTRAIT

Des meilleurs écrivains et de livres approuvés par le Conseil de l'Instruction publique

PAR

LOUIS DUHAMEL

Auteur de plusieurs ouvrages élémentaires

SEPTIÈME ÉDITION

X

<table>
<tr><td>

PARIS

LIBRAIRIE D'ÉTIENNE GIRAUD

20, RUE SAINT-SULPICE.

</td><td>

NIMES

LIBRAIRIE DE LOUIS GIRAUD

BOULEVARD SAINT-ANTOINE

</td></tr>
</table>

LOUIS GIRAUD, ÉDITEUR.

1863

Tout exemplaire non revêtu de la griffe de l'Éditeur sera regardé comme contrefait.

Paris. — Imprimerie de P.-A. BOURDIER et Cie, 30, rue Mazarine.

PRÉFACE.

L'accueil que ce *Livre de Lecture* a reçu dans les Écoles, nous imposait l'obligation de faire tous nos efforts pour le rendre aussi digne que possible des suffrages qu'il a obtenus.

Nous ne nous sommes pas borné à le revoir avec le plus grand soin; nous y avons ajouté de nombreuses et excellentes lectures, et, pour satisfaire à un désir qui nous avait été souvent manifesté, nous l'avons enrichi d'un *choix de Poésies*. Nous n'avons pas perdu de vue, ce qu'on oublie trop souvent, que les vers destinés à orner la mémoire des enfants doivent être à la portée de leur jeune intelligence; qu'ils doivent surtout avoir pour but de développer en eux les nobles sentiments qui font le fils tendre et soumis, le frère doux et prévenant, le citoyen vertueux et dévoué, et, pour tout dire en un mot : le chrétien.

Notre attention a dû se porter aussi sur la partie matérielle du livre; on remarquera qu'il est imprimé sur du papier fort et avec de beau caractères parfaitement lisibles.

Tel qu'il est maintenant, ce volume nous semble, à tous les points de vue, convenir à nos Écoles. Puisse-t-il y produire quelque bien! Puisse-t-il des mains de l'enfant passer et circuler dans celles de la famille! Alors ce livre ne serait plus seulement l'ami de l'écolier, il deviendrait aussi l'ami du foyer domestique.

LE
LIVRE DE LECTURE

DES

ÉCOLES PRIMAIRES

---

1. L'Aïeul et le Petit-Fils.

Il y avait une fois un homme vieux, vieux comme les pierres. Ses yeux voyaient à peine, ses oreilles n'entendaient guère, et ses genoux chancelaient. Un jour, à table, ne pouvant plus tenir sa cuiller, il répandit de la soupe sur la nappe, et même un peu sur sa barbe.

Son fils et sa bru en prirent du dégoût, et désormais le vieillard mangea seul, derrière le poêle, dans un petit plat de terre à peine rempli. Aussi regardait-il tristement du côté de la table, et des larmes roulaient sous ses paupières; si bien qu'un autre jour, échappant à ses mains tremblantes, le plat se brisa sur le parquet.

Les jeunes gens grondèrent, et le vieillard poussa un soupir. Alors ils lui donnèrent pour manger une écuelle de bois.

Or, un soir qu'ils soupaient à table, tandis que le bonhomme était dans son coin, ils virent leur fils, âgé de quatre ans, assembler par terre de petites planches.

« Que fais-tu là? lui demandèrent-ils.

— Une petite écuelle, répondit le garçon, pour faire manger papa et maman quand je serai marié...»

L'homme et la femme se regardèrent en silence...; des larmes leur vinrent aux yeux. Ils firent venir à côté d'eux l'aïeul, qui ne quitta plus la table de famille.

---

2. Mariette.

I

Cette histoire nous a été racontée par un vieux laboureur flamand. Nous étions assis tous deux sur le bord du chemin, devisant ensemble. De l'endroit où nous étions, on apercevait une croix de bois, plantée sur un petit tertre. Cette croix avait bien des fois attiré mes regards et éveillé ma curiosité; elle ne portait d'autre inscription qu'un nom à demi effacé : *Mariette*, et au-dessous, une date, 1814.

Je n'avais jamais demandé le sens de cette courte inscription. J'aimais le vague où elle me laissait, et chaque fois que je passais devant cette tombe solitaire, mon imagination créait une nouvelle explication de cette triste énigme.

Comme j'avais les yeux fixés sur la croix, le laboureur les porta aussi de ce côté, comme pour voir ce qui attirait si fortement mon attention. Bientôt, saisis tous deux de la même pensée, nous avions cessé de parler.

« Pauvre Mariette ! » s'écria-t-il tout à coup, essuyant une larme, et se levant pour reprendre son travail.

Je le retins, le priai de rester un instant, et bientôt j'ajoutai : « Quelle est donc l'histoire de Mariette ? »

Il me regarda avec étonnement : « Tout le monde la connaît, répondit-il.

— Je ne l'ai demandée à personne.

— Vous voyez bien, me dit-il aussitôt, cette chaumière là-bas, au bout de la prairie : il y a vingt ans que Mariette y vivait chez de braves gens qui n'y sont plus. Si vous l'aviez vue, mon bon monsieur ! il n'y avait pas dans tout le pays une plus belle créature ; forte, alerte, infatigable, serviable surtout, toujours prête à aider le voisin. La pauvre enfant n'avait rien, et elle trouvait le moyen d'obliger tout le monde ; ni vous ni moi n'aurions fait meilleure journée qu'elle, alors qu'elle n'avait encore que treize ans. N'était sa tristesse continuelle, on ne pouvait rien imaginer de plus charmant que cette enfant. Elle n'avait plus de parents, mais tout le village l'aimait comme des parents savent aimer ; il n'y avait pas une porte où elle n'aurait pu aller frapper, pas une table où elle n'aurait pu aller s'asseoir. Mais je vais commencer par le commencement.

« Pierre Madou, qui était le père de Mariette, fut forcé de partir pour l'armée, et d'abandonner femme et enfant. La femme n'avait guère beaucoup plus de vingt ans, et la fille plus de deux. A l'armée, Madou fit son devoir comme un bon Flamand qu'il était ; mais il eut du malheur ; il fut fait prisonnier, et je ne sais trop comment il tomba entre les mains des Anglais. Sa fille avait huit ans quand on apprit cette nouvelle au village ; la femme Madou venait de mourir. Que Dieu veuille avoir son âme ! ajouta-t-il en faisant le signe de la croix. Le travail l'a tuée.

« Il s'en fallut de peu que Mariette n'en devînt folle, toute jeune qu'elle était. Nous avions cependant fini par la consoler un peu. Chacun voulait avoir chez soi cette pauvre petite orpheline. Elle était allée chez les Duval, qui étaient des cousins de son père. Les Duval commençaient à se faire vieux, ils n'avaient pas d'enfants ; elle les aida d'abord, puis les servit, puis travailla pour eux. Mais on gagne peu dans nos pays, vous le savez, et quand une pauvre petite créature de treize à quatorze ans a nourri de son travail elle et deux vieillards, elle court grand risque de ne pouvoir faire des économies.

II

« Cependant on apprenait chaque jour de plus tristes nouvelles de Madou : le pauvre prisonnier se désespérait, se lamentait. Sur les pontons où il était, n'ayant jamais rien su de sa vie que cultiver la terre et se battre, il ne pouvait gagner un sou. Il écrivait qu'il ne vivrait pas longtemps ainsi, ne pouvant même fumer faute d'argent pour acheter du tabac. Nous avons tant fait, sa fille a tant travaillé, a tant couru de tous côtés, qu'une première fois nous lui avons envoyé quelque soulagement. Une autre fois, nous avons encore pu faire quelque chose. Mais le village est pauvre, mon bon monsieur : il l'est beaucoup moins aujourd'hui, mais alors vous n'y auriez pas trouvé trente écus, et chacun a ses petites charges. Depuis longtemps on n'avait rien envoyé à Madou : Mariette était triste ; elle travaillait avec un courage indomptable ; le jour aux champs, la nuit au filoir. La sueur et les larmes mouillaient souvent sa figure d'ange, et cependant son travail suffisait à peine à nourrir les Duval, vieux et infirmes, et qui n'avaient plus d'autre soutien qu'elle.

« Mais j'ai oublié de vous dire, je crois, que Mariette avait les plus beaux cheveux qu'on pût voir au monde, cheveux blonds et dorés comme les épis en août, longs, soyeux ; c'était l'admiration de tout le pays. Un homme de Saint-Omer, qui passait dans nos campagnes et qui y faisait des commerces inconnus, vit cette riche chevelure : il proposa de l'acheter pour un petit écu. Mariette, heureuse de pouvoir envoyer le petit écu à son père, allait livrer sa tête au marchand ; nous en avons exigé deux écus ; le marchand les a donnés. Quand elle se vit rasée, quand elle vit sa tête nue, qu'elle se vit privée de sa seule richesse, la pauvre enfant ne put s'empêcher de pleurer ; mais quand elle eut dans les mains les deux écus, et qu'elle les envoya au pauvre Madou, elle aurait encore eu vingt chevelures, qu'elle les aurait toutes volontiers sacrifiées. Nous étions tous tristes et désolés de voir ainsi tondue la plus jolie fille du village ; c'était aussi la première qui eût vendu ses cheveux dans notre pays. Elle était transportée de joie. Tous frais d'envoi payés, il revint à Madou un peu plus d'un petit écu, qui lui servit à revenir au pays ; car à peine eut-il reçu cet argent qui avait coûté si cher à sa fille, qu'on le renvoya.

« Il nous arriva un jour sans nous avoir prévenus ; sa fille travaillait dans le champ où vous voyez la croix. Le vieux Duval se chauffait au soleil non loin de là. Le prisonnier vint à eux ; le bonhomme le reconnut, et cria à Mariette : « Petite, voilà ton père ! » Le père et l'enfant se jetèrent dans les bras l'un de l'autre ; ils y restèrent longtemps. Madou pleurait ; quand il regarda sa fille, il la vit évanouie ;

elle mourut un instant après, la joie l'avait suffoquée.

« On l'enterra où elle était tombée. M. le curé
nous disait en l'enterrant, je m'en souviens encore :
« Mes amis, ne pleurez pas sur Mariette, elle est au
« ciel; pleurez sur vous, qui ne verrez plus cette
« sainte fille, et ne la pourrez plus montrer à vos
« enfants comme l'image de la vertu sur la terre. »

« Chaque année, nous venons déposer des cou-
ronnes de roses sur cette tombe, le 15 août, fête de
la Vierge Marie. »

---

3. Les Hirondelles.

Parabole.

La nature entière nous avertit de l'indispensable
besoin que tous ont les uns des autres; le précepte
divin du secours mutuel, et du dévouement et de
l'amour, nous est à chaque instant rappelé par ce
que nos yeux voient autour de nous. Lorsque le
temps est venu pour les hirondelles d'aller chercher
en d'autres climats la pâture que le Père céleste y a
préparée, elles s'assemblent; puis, sans se séparer
jamais, elles voguent, nautonniers aériens, vers les
rivages où elles se reposeront dans la paix et dans
l'abondance. Seule, que deviendrait chacune d'elles ?
pas une n'échapperait aux périls de la route; réu-
nies, elles résistent aux vents, l'aile débile ou fati-

guée s'appuie sur une aile moins frêle. Pauvres douces petites créatures que le dernier printemps vit éclore, les plus jeunes, abritées par leurs aînées, atteignent sous leur garde le terme du voyage, et, sur la terre lointaine où la Providence les a conduites par-dessus les mers, rêvent le nid natal et ces premières joies, ces joies mystérieuses, ineffables, que Dieu a mises pour tous les êtres à l'entrée de la vie.

―――

4. La religion n'est point triste; elle est douce et bienfaisante.

Il faut, à notre honte, dévoiler le motif qui nous fait accuser la religion d'être triste. Née de la bonté céleste, elle est douce, affectueuse, consolante; elle nous offre le calme en échange du trouble, un bonheur pur au lieu de plaisirs mêlés d'amertume et féconds en regrets. Ce n'est pas assez pour nous; ce n'est pas ce que nous lui demanderions. Avouonsle, nous voudrions qu'elle nous laissât jouir de tout ce qui nous séduit, et que son indulgence prît soin de dégager nos plaisirs du trouble qui les accompagne et les suit; nous voudrions qu'elle vînt nous bercer et nous endormir dans la vie.

En vérité, c'est trop de déraison. Le christianisme peut tout offrir au pécheur, excepté de lâches complaisances. Vous avez péché, pleurez; vous êtes subjugué par vos habitudes d'égoïsme, d'orgueil, déjà descendu soixante des marches qui devaient l'y conduire, et il n'y emportait du beau temps de sa jeunesse que des fautes et des remords. Sa santé était détruite, son âme vide et abattue, son cœur navré de repentir et sa vieillesse pleine de chagrin. Les jours de sa jeunesse reparaissaient devant lui, et lui rappelaient ce moment solennel où son père l'avait placé à l'entrée de ces deux routes, dont l'une conduit dans un pays tranquille et heureux, couvert de moissons fertiles, éclairé par un soleil toujours pur, et retentissant d'une douce harmonie, tandis que l'autre mène dans un séjour de ténèbres, dans un antre sans issue, peuplé de serpents et rempli de poisons.

Hélas! les serpents s'attachaient à son cœur, les poisons souillaient ses lèvres, et il savait maintenant où il était.

Il reporta ses regards vers le ciel, et s'écria avec une angoisse inexprimable : « O jeunesse, reviens! ô mon père, place-moi de nouveau à l'entrée de la vie, afin que je choisisse autrement! »

Mais sa jeunesse et son père n'étaient plus. Il vit des feux follets s'élever au-dessus des marécages et disparaître; et il se dit : « Voilà ce que sont mes jours de folie. » Il vit une étoile tombante parcourir le ciel, vaciller et s'évanouir : « C'est là ce que je suis, » s'écria-t-il; et les pointes aiguës du repentir s'enfoncèrent encore plus avant dans son cœur.

Alors il se retraça dans sa pensée tous les hommes

de son âge qui avaient été jeunes avec lui, qui maintenant, répandus sur la terre, s'y conduisaient en bons pères de famille, en amis de la vérité, de la vertu, et qui passaient doucement et sans verser des larmes cette première nuit de l'année. Le son de la cloche qui célèbre ce nouveau pas du temps vint du haut de la tour de l'église retentir à son oreille comme un chant pieux; ce son lui rappela ses parents, les vœux qu'ils formaient pour lui dans ce jour solennel, les leçons qu'ils lui répétaient, vœux que leur malheureux fils n'avait jamais accomplis, leçons dont il n'avait jamais profité. Accablé de douleur et de honte, il ne put regarder plus longtemps ce ciel où demeurait son père; il rabaissa sur la terre ses yeux abattus, des larmes amères coulèrent de ses yeux, et tombèrent sur la neige qui couvrait le sol; il soupira, et ne voyant rien qui le pût consoler : « Ah! reviens, jeunesse, s'écria-t-il encore, reviens! »

Et sa jeunesse revint, car tout cela n'était qu'un rêve qui avait agité pour lui la première nuit de l'année. Il était jeune encore; ses fautes seules étaient réelles. Il remercia Dieu de ce que sa jeunesse n'était point passée, et de ce qu'il pouvait quitter la route du vice pour reprendre celle de la vertu, pour rentrer dans le pays tranquille couvert d'abondantes moissons.

Revenez avec lui, mes jeunes lecteurs, si, comme lui, vous vous êtes égarés : ce songe terrible sera désormais votre juge. Si, un jour, accablés de douleur, vous êtes forcés de vous écrier : « Reviens, belle jeunesse ! » la belle jeunesse ne reviendra point.

---

6. Le Jeune Cheval et le Fermier.

Fable.

Un jeune coursier unissait à la noblesse du sang le mérite personnel d'une grande légèreté : c'était vraiment l'élite de son espèce. Fier de sa beauté et de sa jeune vigueur, il refusait de se soumettre au frein. En vain le savoir de l'écuyer s'efforçait de dompter son orgueil et de subjuguer ses caprices ; en vain son maître mettait tous ses soins à le former, l'effrayait par ses menaces ou le calmait par ses caresses ; orgueilleux de sa liberté, et se riant des efforts de l'homme, il s'échappa et alla bondir dans les plaines.

Partout où la nature déployait l'émail de son tapis sur les prés, partout où les ruisseaux promenaient doucement le cristal de leurs flots dans la prairie désaltérée, le jeune coursier paissait l'herbe tendre, et s'étendait à loisir sur la couche de verdure qu'il s'était préparée.

L'été coula dans cette heureuse abondance ; l'hiver lui succéda. Les arbres cessèrent d'offrir un toit de feuillage ; l'herbe des champs se dessécha, la neige couvrit la terre, et un frein de glace enchaîna le cours des ruisseaux. Le souffle piquant du nord et la grêle retentissante assiégent les flancs du coursier sans abri. En promenant autour de lui ses regards consternés, il découvrit l'humble toit d'une chaumière. Cet aspect fit renaître la joie dans son cœur. Une étable, autrefois l'objet de sa haine et de son mépris, devint alors celui de tous ses vœux. Sa fougue est ralentie, son orgueil est oublié : il se rend de lui-même dans l'étable du fermier. Celui-ci, voyant sa position douloureuse, ses membres chancelants sous le poids de son corps, le conduisit amicalement à l'étable, où il trouva une ample litière, une nourriture abondante. La nuit entière s'écoula dans les charmes du repos. Le jour paraît à peine, les valets se lèvent, le marché les appelle. Tout le long du chemin le dos du malheureux coursier est condamné à porter le lourd fardeau : en vain il résiste, en vain il se plaint. Le lendemain fatigues nouvelles : attaché à la charrue, il déchire péniblement la terre, et un repas très-frugal le dédommage faiblement le soir des travaux de la journée.

Subjugué par la fatigue, dévoré par le chagrin, ses remords s'exhalèrent ainsi : « Malheureux! où m'ont réduit l'orgueil et la folie! Si ma rétive jeunesse eût voulu se plier aux leçons que lui donnait la nature, je l'aurais, comme mes ancêtres, emporté sur tous les autres coursiers. Un esclavage éternel, voilà maintenant quel est mon partage. Ma naissance, ma légèreté à la course, tout cela est oublié; mon

fatal orgueil me condamne à traîner une vie malheureuse. »

---

7. Histoire de Philippe.

Philippe, dit Simon de Nantua, est le fils d'un honnête boulanger que j'ai connu à Valence. Il a été élevé par son père dans de bons principes, et il a lui-même un excellent cœur et nombre de qualités estimables. Mais il ne faut qu'un seul vice pour rendre inutiles beaucoup de vertus : ce pauvre Philippe en est la preuve. Il avait contracté de bonne heure l'habitude de boire avec excès, en sorte qu'il était rarement en état de faire son ouvrage. Le travail l'ennuyait aussi, parce qu'il trouvait plus de plaisir à vider son verre qu'à pétrir du pain. Il aurait cependant pu continuer l'état de son père, et vivre honorablement dans une douce aisance. Mais sa passion était plus forte que toute autre considération, et de plus les mauvaises connaissances qu'il avait faites au cabaret achevèrent de le détourner de ses devoirs. Enfin, un jour qu'il s'était enivré avec un jeune soldat dont le corps était en garnison à Valence, celui-ci lui conseilla de s'engager, en l'assurant que rien n'était préférable à la profession de soldat ; qu'on n'y avait rien à faire, et qu'on pouvait se divertir depuis le commencement du jour jusqu'à la fin. Philippe, enthousiasmé du tableau que lui fait son camarade, va sur-le-champ signer son engagement, sans penser au chagrin qu'il causerait à sa famille. Il ne tarda pas à être puni d'avoir à ce point oublié ce qu'il devait aux auteurs de ses jours.

Le voilà enrôlé et faisant tous les matins l'exercice : ce n'était pas le plus beau du métier, et Philippe commençait à trouver que son camarade ne lui avait pas parlé des inconvénients de la profession. Un jour que ce malheureux avait bu dès le matin avec deux ou trois autres mauvais sujets du régiment, il se présenta à l'exercice dans un état fort peu décent. Le voilà qui ne sait où il en est, et qui fait manquer toutes les manœuvres, parce qu'il voit double, qu'il va de travers, et qu'il marche sur les pieds de ses voisins. Le sergent veut le faire sortir des rangs, et le prend par le collet. Philippe ne trouve pas cela bon, tire son sabre et blesse le sergent. Aussitôt on l'arrête, on le conduit en prison : il est jugé et condamné à mort pour avoir levé le sabre contre son supérieur.

Le sergent était un brave homme, qui supplia son colonel d'implorer la clémence du roi en faveur du malheureux Philippe; et le roi a bien voulu commuer sa peine, en sorte que Philippe se trouve aujourd'hui condamné aux travaux forcés à perpétuité. Je vous laisse à penser quelle est la douleur des parents de ce jeune homme. Il n'était pas fait pour le déshonneur. Mais sait-on jusqu'où l'on peut aller quand on se laisse conduire par l'intempérance? Je ne vois rien de plus digne de pitié qu'un homme qui s'expose à perdre la raison et à se rendre l'égal des animaux. Il me semble plus à plaindre qu'un fou, car l'ivresse est une vraie folie, et je serais bien honteux de m'être rendu fou par ma faute.

---

8. L'Enfant gâté.

Une dame d'esprit avait un fils, et craignait si fort de le rendre malade en le contredisant, qu'il était devenu un petit tyran, et entrait en fureur à la moindre résistance qu'on osait faire à ses volontés les plus bizarres. Le mari de cette dame, ses parents, ses amis, lui représentaient qu'elle perdait ce fils chéri : tout était inutile. Un jour qu'elle était dans une chambre, elle entendit son fils qui pleurait dans la cour; il s'égratignait le visage de rage, parce qu'un domestique lui refusait une chose qu'il voulait.

« Vous êtes bien impertinent, dit la mère à ce valet, de ne pas donner à cet enfant ce qu'il vous demande; obéissez-lui à l'instant.

— Par ma foi, madame, lui répondit le valet, il pourrait crier jusqu'à demain qu'il ne l'aurait pas. »

A ces mots la dame devient furieuse; elle court; en passant dans une salle où était son mari avec quelques-uns de ses amis, elle le prie de mettre dehors l'impudent qui résiste. Le mari, qui était aussi faible pour sa femme qu'elle l'était pour son fils, la suit en levant les épaules, et la compagnie se mit à la fenêtre pour voir de quoi il était question.

« Insolent, dit-il au valet, comment avez-vous la hardiesse de désobéir à madame en refusant à l'enfant ce qu'il vous demande ?

— En vérité, monsieur, dit le domestique, madame n'a qu'à le lui donner elle-même : il y a un quart d'heure qu'il a vu la lune dans un seau d'eau, et il veut que je la lui donne. »

A ces paroles, la compagnie et le mari ne purent retenir de grands éclats de rire ; la dame elle-même, malgré sa colère, ne put s'empêcher de rire aussi, et fut si honteuse de cette scène qu'elle se corrigea, et parvint à faire un aimable enfant de ce petit maussade et volontaire. Bien des mères auraient besoin d'une pareille aventure.

---

9. Les Trois Amis.

Ne te fie point à un ami avant de l'avoir éprouvé ; il y en a beaucoup plus à la table du festin qu'aux portes de la prison.

Un homme avait trois amis : il en aimait deux fort tendrement, mais le troisième lui était fort indifférent : c'était cependant celui qui lui était le plus sincèrement attaché. Il fut un jour cité en justice sous le poids d'une accusation fort grave, bien qu'injuste.

« Qui d'entre vous, dit-il à ses amis, veut venir avec moi et déposer en ma faveur? J'ai été vivement accusé, et le juge est fort irrité. »

Le premier de ses amis prétexta d'autres affaires, et s'excusa de l'accompagner; le second le suivit jusqu'à la porte du tribunal, mais là il s'arrêta et revint chez lui fort effrayé de la colère du juge; mais le troisième, sur lequel il comptait le moins, entra avec lui au palais de justice, et parla si éloquemment pour son ami, que le juge l'acquitta et le renvoya comblé de présents.

L'homme a trois amis ici-bas : comment se comportent-ils à l'heure de la mort, quand l'Éternel le cite devant son redoutable tribunal? L'argent, son meilleur ami, l'abandonne le premier et ne va pas avec lui. Ses parents et ses amis l'accompagnent jusqu'à la porte du tombeau, puis retournent dans leurs maisons. Le troisième ami, qu'il oublie le plus souvent, ce sont ses bonnes œuvres. Elles seules l'accompagnent devant le juge terrible, plaident sa cause, et peuvent lui faire obtenir grâce et miséricorde.

------

10. La Vérité.

La vérité, cette lumière du ciel, est la seule chose ici-bas qui soit digne des soins et des recherches de l'homme. Elle seule est la lumière de notre esprit, la règle de notre cœur, la source des vrais plaisirs, le fondement de nos espérances, la consolation de nos craintes, l'adoucissement de nos maux, le remède de toutes nos peines; elle seule est la source de la bonne conscience, la terreur de la mauvaise, la peine secrète du vice, la récompense intérieure de la vertu; elle seule immortalise ceux qui l'ont aimée, illustre les chaînes de ceux qui souffrent pour elle, attire des honneurs publics aux cendres de ses martyrs et de ses défenseurs, et rend respectables l'abjection et la pauvreté de ceux qui ont tout quitté pour la suivre; enfin elle seule inspire des pensées magnanimes, forme des âmes héroïques, des âmes dont le monde n'est pas digne, des sages seuls dignes de ce nom. Tous nos soins devraient donc se borner à la connaître, tous nos talents à la manifester, tout notre zèle à la défendre : nous ne devrions donc chercher dans les hommes que la vérité, et ne vouloir leur plaire que par elle; en un mot, il semble qu'il devrait suffire qu'elle se montrât à nous pour se faire aimer, et qu'elle nous montrât à nous-mêmes pour nous apprendre à nous connaître.

---

11. Le véritable Patriote.

Pour aimer la patrie avec un sentiment véritablement élevé, nous devons commencer par lui donner en nous-mêmes des citoyens dont elle n'ait point à rougir, dont elle puisse au contraire se faire honneur. Tourner en dérision la religion et les bonnes mœurs, et aimer dignement la patrie, c'est chose incompatible. Si un homme fait outrage aux autels, à la sainteté du lien conjugal, à la décence, à la probité, et puis vient crier : Patrie ! patrie ! ne le croyez pas ; c'est un hypocrite de patriotisme, c'est un très-mauvais citoyen.

Il n'y a de bón patriote que l'homme vertueux, l'homme qui comprend et aime tous ses devoirs, et se fait une étude de les suivre.

Celui-là jamais ne se confond ni avec l'adulateur des puissants, ni avec l'ennemi acharné de toute autorité. Être servile et être irrévérent sont deux excès pareils.

S'il occupe un emploi du gouvernement, soit civil, soit militaire, son but n'est pas sa propre fortune, mais bien l'honneur et la prospérité du prince et du peuple.

S'il est simple particulier, l'honneur et la prospérité du prince et du peuple sont également l'objet de ses plus ardents désirs, et il ne fait rien qui s'y oppose ; il fait au contraire tout ce qu'il peut pour y contribuer.

Il sait que dans toutes les sociétés il y a des abus ; il désire que ces abus soient corrigés, mais il a horreur de la fureur de ceux qui voudraient les corriger avec des rapines et de sanglantes vengeances, parce que de tous les abus ceux-là sont les plus terribles et les plus funestes.

Il n'invoque pas, il ne suscite pas les dissensions civiles; il est au contraire, autant qu'il peut, par son exemple et ses discours, le modérateur des esprits exagérés, l'éloquent conseiller de l'indulgence et de la paix. Il ne cesse d'être un agneau que lorsque la patrie en danger a besoin d'être défendue; alors il devient un lion, il combat et triomphe, ou meurt.

---

12. Trait de Patriotisme.

Épisode des guerres que fit naître, vers la fin du treizième siècle, la rivalité de Charles II d'Anjou, roi de Naples, et de Jacques, roi de Sicile.

Don Jayme[1] se présenta devant Belvédère[2]. La défense de cette place avait été confiée à un ingénieur français, nommé Roger de Sanguinet[3]. Au feu du courage, cet officier joignait toutes les ressources de l'art, et ses lumières égalaient son grand cœur. Du haut des remparts, tandis que l'ennemi faisait pleuvoir sur lui une grêle de traits, il observait d'un œil serein les mouvements de l'armée, examinait le

[1] Don Jayme commandait les Espagnols pour Jacques d'Aragon, roi de Sicile.

[2] Petite ville du royaume de Naples (Calabre).

[3] Roger de Sanguinet commandait pour Charles d'Anjou, roi de Naples.

camp, combinait ses projets, préparait la défaite des Espagnols, et leur envoyait la mort. Son génie créateur avait perfectionné les anciennes machines et en avait inventé de nouvelles. C'était par le moyen de ces redoutables instruments qu'il écrasait l'armée ennemie sous une quantité prodigieuse de pierres énormes.

Don Jayme voyait tomber à côté de lui ses plus braves soldats; souvent même la chute de ces pierres menaçait sa tête; il ne vit point sans frayeur des rochers balancés dans l'air prêts à fondre sur lui. La barbarie entre aisément dans une âme susceptible de crainte : il opposa à la science militaire les plus horribles cruautés, et pour vaincre un héros il employa les armes des lâches : ce sont les seules que le vrai courage puisse redouter; il lui en coûte souvent beaucoup pour les braver.

Deux enfants de Roger de Sanguinet, dans une sortie vigoureuse, s'étaient mêlés parmi les combattants; mais, emportés par cette héroïque imprudence, défaut trop ordinaire de nos guerriers, ils s'étaient précipités au milieu des ennemis; ceux-ci les enveloppèrent, mais ils ne rendirent les armes qu'après les avoir teintes du sang espagnol. On les présenta à don Jayme. Ce prince sourit en voyant des victimes utiles à ses desseins : aussitôt il dépêche un trompette chargé d'une lettre pour leur père, dans laquelle il menaçait d'exposer ses deux enfants à la chute des pierres s'il ne faisait cesser le jeu de ces effroyables machines. Roger, à la lecture de cette lettre, parut écrasé de la foudre; muet, immobile, il dévorait ses larmes; son cœur se brisait. Père tendre, citoyen vertueux, réduit au choix cruel ou d'outrager la nature, ou de trahir sa patrie, il donna ses pleurs à l'une, et son sang à l'autre. En présence de l'envoyé même, il ordonna de continuer le jeu des machines avec la même vivacité; ce fut là sa réponse.

Les deux victimes infortunées furent attachées à un arbre dans l'endroit le plus exposé à cette grêle meurtrière; l'air en était obscurci. Un des fils de Roger en fut écrasé; son frère envia sa destinée, et attendit avec impatience l'instant où il allait partager avec lui le prix du courage, l'honneur d'une mort utile et mémorable. Un hasard qui tient du prodige le rendit à sa patrie et à son père; il détourna de sa tête le coup fatal, et tous deux parurent dignes l'un de vivre en citoyen, l'autre de mourir en héros.

Don Jayme, étonné de la fermeté du père et du courage des enfants, se sentit accablé de tout l'ascendant de la vertu; le remords se fît sentir à son âme farouche.

Le prince espagnol leva le siége, et, pour effacer la mémoire d'une action si honteuse, il renvoya au malheureux père celui de ses enfants qui avait échappé à la mort, et le cadavre de son frère. Roger revit d'un même œil l'un et l'autre. Il les embrassa tous les deux, et son âme héroïque ne se reprocha point d'avoir été barbare.

---

13. Siége de Saragosse.

(1808 — 1809)

Dans ce mémorable siége de Saragosse, où le courage des habitants disputa si longtemps chaque toise de terrain aux Français, qui avaient vaincu les Russes et les Autrichiens; dans cette lutte où chaque maison fut une citadelle, chaque femme un guerrier, et chaque guerrier un héros; alors que pour ravager la cité fidèle une maladie contagieuse s'unissait aux horreurs de la famine et du carnage, les feux cessèrent tout à coup entre les deux armées. Le général français, touché d'une résistance aussi glorieuse qu'inutile, envoya un aide de camp pour offrir aux malheureux défenseurs de Saragosse la vie et la liberté s'ils voulaient arborer la cocarde rouge de Joseph Napoléon, et permettre que le pavillon aux trois couleurs flottât sur les ruines fumantes de leurs édifices sacrés. Le parlementaire fut introduit devant le brave Palafox, qui commandait les Aragonais, et lui exposa, en peu de paroles, l'objet de sa mission. « Venez recevoir ma réponse, » lui dit froidement et sans colère le général espagnol. Puis il le conduisit sous les voûtes entr'ouvertes de la cathédrale consacrée à la sainte Vierge, Notre-Dame del Pilar. Le pilier d'or qui porte la statue miraculeuse de la mère du Christ était orné de festons funèbres; les voiles du deuil étaient suspendus aux arceaux gothiques du monument. Là, dans le chœur, étaient rassemblés les chefs des soldats, tous armés et la tête nue. Le peuple, à genoux et en silence, remplissait le reste de l'église.

L'officier français fut introduit au milieu du cercle formé par les officiers espagnols; bientôt un prêtre, revêtu des ornements funèbres, s'agenouilla devant l'autel, et récita la messe des trépassés pour les guerriers fidèles qui étaient morts, et pour ceux qui devaient mourir en défendant la ville. Tous offrirent devant l'autel de la sainte patronne de Saragosse le sacrifice d'une vie qui allait être consacrée à sa défense; puis le général Palafox, se tournant vers l'envoyé français : « Voilà ma réponse, dit-il; apprenez à votre chef que les Espagnols de Saragosse peuvent tous mourir, puisqu'un prêtre a prononcé pour eux les prières des morts; dites-lui qu'ils savent préférer quelque chose à l'esclavage, c'est le martyre. »

En effet, quand les bataillons français entrèrent en vainqueurs dans la cité détruite, ils s'y avancèrent sur les cadavres de ses défenseurs, qui, impuissants à sauver leurs foyers, léguèrent du moins à l'Espagne un glorieux et patriotique exemple.

15. Amour filial.

I

La carrière de tes actions commence dans ta famille; ton premier gymnase [1] de vertu, c'est la maison paternelle. Que dire de ceux qui prétendent aimer la patrie, qui font grand bruit de leur héroïsme, et qui manquent à un devoir aussi haut que l'est la piété filiale ?

Il n'y a point d'amour de la patrie, il n'y a pas le plus petit germe d'héroïsme là où il y a noire ingratitude.

A peine l'intelligence de l'enfant s'ouvre à l'idée du devoir, que déjà la nature lui crie : « Aime tes parents! » L'instinct de l'amour filial est si fort qu'il semblerait superflu d'employer des soins pour l'entretenir toute la vie. Néanmoins, comme nous l'avons déjà dit, à tous nos vertueux instincts, il faut que nous donnions la sanction de notre volonté, autrement ils se détruisent; il faut que la piété envers nos parents soit par nous cultivée avec une ferme résolution.

Comment celui qui se fait gloire d'aimer Dieu,

---

[1] *Gymnase*. Lieu où se font divers exercices propres à fortifier le corps, à donner de la grâce et de la souplesse aux mouvements. L'auteur, parlant ici au figuré, veut dire que c'est dans la famille qu'on doit d'abord s'exercer à la vertu, force et ornement de l'âme.

d'aimer l'humanité, d'aimer la patrie, n'aurait-il pas un respect profond pour ceux par qui il est devenu créature de Dieu, homme et citoyen.

Notre père et notre mère sont naturellement nos premiers amis ; ce sont les mortels à qui nous devons le plus : envers eux, nous sommes tenus de la manière la plus sacrée à la reconnaissance, au respect, à l'amour, à l'indulgence, à la noble manifestation de tous ces sentiments.

Il n'est malheureusement que trop commun de voir la grande intimité dans laquelle nous vivons avec les personnes qui nous appartiennent de plus près, nous accoutumer à les traiter avec une superbe indifférence, nous rendre peu empressés à être aimables à leur égard et à embellir leur existence.

Gardons-nous d'un semblable tort. Quiconque veut ennoblir son caractère doit porter dans toutes ses affections un certain désir d'exactitude et de bonne grâce, qui leur donne la perfection dont elles sont susceptibles.

Attendre, pour se montrer observateur courtois des aimables procédés, que l'on soit hors de chez soi, et manquer, en attendant, d'égards et de complaisance envers ses parents, c'est une absurdité et une faute. Les belles manières s'apprennent par une attention scrupuleuse à les observer, et c'est au sein même de la famille que doit commencer l'apprentissage.

« Quel mal y a-t-il, disent certaines personnes, à

vivre en toute liberté avec ses parents? Ils savent
bien qu'ils sont aimés de leurs enfants sans qu'il soit
besoin d'assujettir ceux-ci à affecter près d'eux un
gracieux extérieur, et à dissimuler leurs ennuis et
leurs petites colères. » Toi qui ne veux pas être vulgaire, garde-toi de raisonner ainsi. Que si vivre en
toute liberté veut dire être grossier, ce n'est plus
que de la grossièreté ; et il n'est point de parenté si
intime qui la puisse justifier.

L'âme qui n'a pas le courage de se gêner dans la
maison comme hors de la maison pour se rendre
agréable aux autres, pour acquérir les vertus qui lui
manquent, pour honorer l'homme en elle-même et
Dieu dans l'homme, est une âme pusillanime. Pour
se reposer de la noble fatigue d'être bon, affable,
délicat, il n'y a pas d'autre temps que celui du sommeil.

II

L'amour filial n'est pas seulement un devoir de
reconnaissance, c'est encore un devoir d'impérieuse
convenance. Dans le cas assez rare où nous aurions
des parents peu bienveillants, peu en droit d'exiger
notre estime, cette seule circonstance qu'ils sont les
auteurs de notre vie doit leur imprimer à nos yeux
un caractère si respectable, que nous ne pouvons
sans infamie, je ne dirai pas les insulter, mais les
traiter avec tant soit peu d'insouciance. Dans ce cas,
les égards dont nous userons auront un plus grand

mérite, mais ils n'en seront pas moins une dette payée à la nature, à l'édification de nos semblables, à notre propre dignité.

Malheur à celui qui se fait le censeur sévère de quelque défaut de ses parents ! Et par qui commencerons-nous à pratiquer la charité, si nous n'en avons pas à l'égard d'un père, d'une mère ?

Exiger pour les respecter qu'ils soient sans défaut, qu'ils soient la perfection même, c'est de l'orgueil et de l'injustice. Nous, qui désirons que tout le monde nous respecte et nous aime, sommes-nous toujours irréprochables ? Lors même qu'un père ou une mère seraient loin de cet idéal de sens et de vertu que nous voudrions voir réalisé en eux, faisons-nous ingénieux à les excuser, à cacher leurs torts aux yeux d'autrui, à apprécier toutes leurs bonnes qualités. En agissant ainsi nous nous améliorons nous-mêmes, en acquérant un caractère pieux, généreux, habile à reconnaître le mérite des autres.

Mon ami, que souvent ton âme s'ouvre à cette pensée triste, mais féconde en tolérance et en longanimité : « Ces têtes blanches qui sont là devant moi, qui sait si avant peu elles ne dormiront pas dans la tombe ? » Ah ! tandis que tu as le bonheur de les voir, honore-les, et cherche-leur des consolations à ces maux de la vieillesse, qui sont si grands !

Leur âge ne les porte déjà que trop à la tristesse, ne contribue jamais à les attrister. Que toutes tes manières avec eux, que toute ta conduite à leur égard soient toujours si aimables que ta vue les ranime et les réjouisse. Chaque sourire que tu rappelleras sur leurs vieilles lèvres, chaque contentement que tu feras naître dans leur cœur, sera pour eux le plus salutaire des plaisirs, et tournera à ton avantage. Les bénédictions que reçoit d'un père et d'une mère un fils reconnaissant sont toujours sanctionnées de Dieu.

---

15. Le jeune Trompette.

Afin de soulager son pauvre père, déjà avancé en âge et chargé de famille, un petit villageois des environs de Philipsbourg[1], ayant à peine atteint sa onzième année, quitta la maison paternelle, et s'engagea en qualité de trompette dans le régiment de Furstemberg. Il y fut généralement aimé pour son intelligence et sa docilité envers ses chefs.

Une conduite régulière, jointe à une taille avantageuse, le fit avancer en peu de temps. Il était, dès l'âge de seize ans, le premier trompette de son corps.

Il y avait huit années déjà que le jeune Allemand était loin de sa famille, et il redisait souvent : « Quand irai-je donc embrasser mon pauvre père ! Oh ! qu'il sera content de me revoir ! »

Plein de cette idée, le jeune militaire demande et

---

[1] Petite ville du grand-duché de Bade, à deux kilomètres du Rhin.

obtient un congé de deux mois; il part avec sa trompette chérie et une ceinture garnie de cent pièces d'or, fruit honorable et précieux de ses économies.

Oh! quelle fête! quel jour de gloire pour un bon fils! quelle satisfaction de retourner après un si long temps aux lieux témoins de son enfance! quel triomphe surtout d'y reparaître en bienfaiteur et d'y donner des preuves de sagesse dans un âge qui, le plus souvent, n'est encore marqué que par des écarts et des fautes! Espérance consolatrice, projets flatteurs, vous ne fûtes pas réalisés!

Le jeune homme s'était mis en marche vers la fin de l'hiver de 1709, le Rhin était glacé à plusieurs pieds de profondeur. Comme il traversait ce fleuve, voie la plus courte selon lui pour se rendre au village qu'habitait son vieux père, la débâcle s'opéra subitement avec un fracas semblable à une décharge d'artillerie. Arrivé trop tôt au milieu du Rhin, et loin des bords où la glace tenait fortement encore, le malheureux jeune homme est entraîné par le courant. Vainement il s'élance d'un glaçon sur un autre, les glaçons s'entre-heurtent et fléchissent sous ses pas; vainement il appelle à son secours, la foule accourue sur les deux rives n'ose et ne peut tenter un hasard si périlleux; chacun lève les bras au ciel, et fait des vœux stériles dans cette conjoncture. Marchant sur le gouffre, voyant qu'il ne peut tarder à s'y voir engloutir, le bon fils veut signaler sa dernière heure par les pieux sentiments qui l'ont guidé dans son voyage; il prend sa trompette, sonne un air guerrier que son père aimait beaucoup, puis s'écrie : «Cent pièces d'or sont contenues dans ma ceinture; j'en donne cinquante à celui qui repêchera mon corps, et qui portera les cinquante autres pièces à mon père... » A peine eut-il achevé ces mots qu'un glaçon énorme le renversa, et il disparut.

Son corps fut retrouvé quelques jours après. On apporta au père de cet infortuné, non cinquante pièces d'or, mais les cent qui étaient dans la ceinture.

Le malheureux père ne put survivre à sa douleur.

---

16. Exemple célèbre d'amour filial.

Les annales japonaises font mention d'un exemple extraordinaire d'amour filial. Une femme était restée veuve avec trois garçons, et ne subsistait que de leur travail. Quoique le prix de cette subsistance fût peu considérable, les travaux de ces jeunes gens n'étaient pas toujours suffisants pour y subvenir. Le spectacle d'une mère qu'ils chérissaient, en proie au besoin, leur fit un jour concevoir la plus étrange résolution. On avait publié, depuis peu, que quiconque livrerait à la justice le voleur de certains effets toucherait une somme assez considérable. Les trois frères décident entre eux qu'un des trois passera pour ce voleur, et que les deux autres le mèneront aux juges. Ils tirent au sort pour savoir qui sera la victime de l'amour filial, et le sort tombe sur le plus jeune, qui se laissa lier et conduire comme un criminel. Le magistrat l'interroge ; il répond qu'il a volé : on l'envoie en prison, et ceux qui l'ont conduit touchent la somme promise. Leur cœur s'attendrit alors sur le danger de leur frère : ils trouvent le moyen d'entrer dans la prison, et croyant n'être vus de personne, ils l'embrassent tendrement et l'arrosent de leurs larmes. Le magistrat, qui les aperçoit par hasard, surpris d'un spectacle si nouveau, donne commission à un de ses gens de suivre ces deux délateurs ; il lui enjoint expressément de ne les point perdre de vue qu'il n'ait découvert de quoi éclaircir un fait si singulier. Le domestique s'acquitte parfaitement de la commission, et rapporte qu'ayant vu entrer ces deux jeunes gens dans une maison, il s'en était approché, et les avait entendus raconter à leur mère ce qu'on vient de lire ; que la pauvre femme à ce récit avait jeté des cris lamentables, et qu'elle avait ordonné à ses enfants de reporter l'argent qu'on leur avait donné, disant qu'elle aimait mieux mourir de faim que de se conserver la vie au prix de celle de son cher fils. Le magistrat, pouvant à peine concevoir ce prodige de piété filiale, fait venir aussitôt son prisonnier, l'interroge de nouveau sur ses prétendus vols, le menace même du plus cruel supplice ; mais le jeune homme, tout occupé de sa tendresse pour sa mère, reste immobile. « Ah ! c'en est trop, lui dit le magistrat en se jetant à son cou, enfant vertueux, votre conduite m'étonne. » Il va aussitôt faire son rapport à l'empereur, qui, charmé d'une affection si héroïque, voulut voir les trois frères ; il les combla de caresses, assigna au plus jeune une pension considérable et une moindre à chacun des deux autres.

---

17. Le petit Mousse irlandais.

Volney-Beckner naquit d'un pauvre matelot irlandais. La nature l'avait doué d'une grande souplesse de corps et de beaucoup d'intelligence. Son père, qui le destinait à sa profession, lui apprit à nager dès ses premières années. Il le jetait dans la mer du haut de la poupe du navire, et, plongeant après, il le soutenait d'une main, lui enseignait à étendre ses pieds, et l'accoutumait ainsi à braver tous les dangers.

Le petit Volney-Beckner devint si hardi, si habile, si vigoureux, qu'à l'âge de six ans il suivait pendant deux lieues son vaisseau à la nage. Lorsqu'il paraissait fatigué, son père, qui avait l'œil sur lui, allait le prendre et le ramenait sur son dos. Quelquefois on lui jetait une corde ; il s'y cramponnait et grimpait au navire avec l'agilité d'un écureuil.

Devenu plus grand, il se distinguait à la manœuvre du vaisseau par son adresse et par son intrépidité. Pendant la tempête, et lorsque le vent déchirait les voiles, on le voyait le long des cordages ou des antennes[1], et à la cime du grand mât, aussi peu étonné qu'un passager tranquille dans son hamac[2].

Cette vie active et dure fortifia son corps et son âme. A douze ans, son capitaine, qui le citait comme un modèle à tout l'équipage, lui donna un grade et une double solde. Il dit un jour en sa présence : « Si ce petit homme continue de se conduire avec autant de bravoure et de sagesse, je ne doute pas qu'il n'obtienne une place bien au-dessus de celle que j'occupe. »

Il était fort sensible aux louanges qu'il avait méritées. Il aimait la gloire par instinct, et faisait de grands efforts pour en acquérir. On lui demandait un jour ce que c'était que la gloire, il répondit sans hésiter : « C'est de bien servir le roi, et de remplir avec distinction les devoirs de son état. »

Il eut plusieurs occasions périlleuses de montrer son courage. Le trait suivant, qui termina sa vie à l'âge de douze ans et quelques mois, suffit pour honorer à jamais sa mémoire.

---

[1] *Antenne.* Long bois attaché de travers au haut d'un mât, et qui sert à soutenir les voiles latines ou triangulaires.

[2] *Hamac.* Espèce de filet suspendu et formant avec un matelas le lit du marin.

Dans un voyage de Saint-Domingue[1] en France, la fille, toute petite encore, d'un riche Américain courait imprudemment sur le pont. Un roulis[2] inattendu la fait tomber dans la mer. Le père de Volney-Beckner s'élance après elle, et la saisit bientôt dans les flots; mais tandis qu'il nageait d'une main vers le bâtiment, et que de l'autre il tenait la petite serrée sur sa poitrine, il aperçut un requin[3] qui s'avançait droit à lui. « A moi, Beckner! » s'écria-t-il. Chacun accourt sur le pont, et nul n'ose aller au delà. On tire des coups de carabine sur le requin; mais le monstre battant la mer à grands coups de queue, et ouvrant une effroyable gueule, allait engloutir sa proie. Tout à coup le petit Volney-Beckner, armé d'un sabre long et pointu, se précipite, plonge sous le ventre du requin et lui enfonce le fer jusqu'à la garde.

Ainsi attaqué à l'improviste, et profondément blessé, le requin laisse le matelot, et s'acharne après l'intrépide assaillant dont il éprouve les coups redoublés.

Quel spectacle digne d'admiration et d'attendrissement! l'Américain tremblant pour sa fille, un matelot généreux exposant sa vie pour un enfant qui n'est pas le sien, un autre enfant allant attaquer

---

[1] *Saint-Domingue* ou *Haïti*. Grande île, l'une des Antilles. Elle fut découverte par Christophe Colomb, le 6 décembre 1492.

[2] *Roulis*. Agitation d'un vaisseau qui penche tantôt à droite, tantôt à gauche.

[3] *Requin*. Poisson monstrueux et très-vorace.

un ennemi terrible et affronter une mort inévitable pour la détourner de son père! Tout l'équipage levait les mains vers le ciel. Cependant on s'empresse, on jette des cordages, le père et le fils parviennent à s'y attacher, et chacun s'écrie avec transport : « Ils sont sauvés! »

Hélas! non, ils ne sont pas sauvés. Furieux de voir que sa proie lui échappait, le requin, blessé à mort, plonge pour prendre un élan vigoureux, s'élance de la mer avec impétuosité, et de ses dents tranchantes sépare en deux le corps de l'intrépide et malheureux enfant suspendu en l'air. L'autre partie de son corps mutilé et sans vie arrive, avec son père et la petite Américaine évanouie, sur le bord du navire!

------

18. Amour fraternel.

Tu as des frères et des sœurs; fais tous tes efforts pour que l'amour que tu dois à tes semblables commence à se manifester en toi dans toute sa perfection, premièrement envers tes père et mère, et ensuite envers ceux qui te sont liés par la plus étroite des fraternités, celle de devoir la vie aux mêmes parents.

Pour bien pratiquer envers tous les hommes la divine science de la charité, il faut en faire l'apprentissage dans sa famille.

Quelle ineffable douceur n'y a-t-il pas dans cette pensée : « Nous sommes fils de la même mère! »

Qu'il est doux encore d'avoir trouvé, à peine venu au monde, les mêmes objets à vénérer et à chérir ! La communauté du sang et la conformité de beaucoup d'habitudes entre frères et sœurs engendrent naturellement une forte sympathie ; pour la détruire, il ne faut pas moins qu'un horrible égoïsme.

Si tu veux être bon frère, garde-toi de l'égoïsme ; propose-toi chaque jour dans les relations fraternelles d'être généreux. Que chacun de tes frères et de tes sœurs puisse voir que ses intérêts te sont chers comme les tiens. Si l'un d'eux vient à faillir, sois indulgent, non pas seulement comme tu le serais envers un autre, mais plus encore. Réjouis-toi de leurs vertus, imite-les, et, à ton tour, fortifie-les par ton exemple ; fais qu'ils aient à bénir le ciel de t'avoir pour frère.

Il y a des motifs sans nombre de douce reconnaissance, d'affectueux désir et de pieuse crainte qui contribuent sans cesse à alimenter l'amour fraternel ; mais il faut néanmoins y réfléchir ; autrement ils passent souvent inaperçus : il faut se commander de les sentir. Les sentiments exquis ne s'acquièrent que par une active volonté : de même que personne n'arrive sans étude à l'intelligence parfaite de la poésie et de la peinture, ainsi personne ne comprend l'excellence de l'amour fraternel, ou de toute autre noble affection, sans une volonté assidue de la comprendre.

Que l'intimité domestique ne te fasse jamais négliger d'être poli avec tes frères ; sois-le davantage encore avec tes sœurs : leur sexe est doué d'une grâce puissante, et elles se prévalent ordinairement de ce céleste privilége pour répandre la sérénité dans toute la maison, pour en bannir la mauvaise humeur, pour modérer les reproches paternels ou maternels qu'il leur arrive parfois d'entendre. Honore en elles le charme suave des vertus de la femme, réjouis-toi de l'influence qu'elles ont pour adoucir ton âme ; et puisque la nature les a faites plus faibles et plus sensibles que toi, sois d'autant plus attentif à les consoler si elles sont affligées, à ne les point affliger toi-même, à leur témoigner constamment du respect et de l'amour.

Ceux qui contractent avec leurs frères et leurs sœurs des habitudes de malveillance et de grossiè-reté demeurent grossiers et malveillants avec qui que ce soit. Que le commerce de la famille soit plein de tendresse, de prévenance, d'abnégation ; et alors, quand le jeune homme sortira de la maison pater-nelle, il portera dans ses relations avec le reste de la société cette tendance aux nobles affections, et cette foi dans la vertu, qui sont le fruit de l'exercice habituel des sentiments élevés.

----

19. Les deux petits Suisses égarés.

Deux petits enfants d'un laboureur suisse cou-raient l'un après l'autre sur la neige : c'était vers les quatre heures du soir, sur la fin d'octobre. Un bois de sapins assez épais était tout auprès de leur cabane; ils s'y engagèrent, ils s'y perdirent; et la nuit étant venue, ils ne purent regagner la maison. Dès qu'on s'aperçut de leur absence, on courut de tous côtés pour les chercher; on les appela mille et mille fois; enfin on alluma de grands copeaux résineux, et, avec des sonnettes à vaches, on se mit à parcourir la forêt. Ce ne fut qu'après trois heures de recherches qu'on découvrit ces pauvres enfants, tapis dans un trou rempli de feuillages, et couchés l'un sur l'autre : l'aîné, âgé de neuf ans, s'était dépouillé de sa petite veste, et en avait habillé son frère, âgé de six ans, vêtu d'un simple gilet; il s'était mis sur lui pour le réchauffer, au risque de périr de froid pendant la longueur d'une nuit humide et piquante, à laquelle sûrement il n'aurait pu résister si son père n'eût eu le bonheur de les découvrir.

----

20. Amitié.

Indépendamment de tes père et mère, et des autres parents qui sont les amis que la nature a placés le plus près de toi; indépendamment de tes maîtres que, dans ta reconnaissance pour les droits qu'ils se sont acquis à ton estime, tu te plais à nommer tes amis, il t'arrivera de sentir une sympathie particulière pour d'autres dont les qualités te seront moins connues, et surtout pour des jeunes gens de ton âge ou d'un âge peu différent du tien.

Quand devras-tu céder à cette sympathie ou la réprimer ? La réponse n'est pas douteuse.

Nous devons de la bienveillance à tous les hommes, mais nous ne devons porter la bienveillance au degré d'amitié que pour ceux qui ont des titres à notre estime. L'amitié est une fraternité, et dans son sens le plus élevé elle est le plus bel idéal de la fraternité ; c'est un accord suprême de deux ou trois âmes, jamais d'un grand nombre, qui sont devenues comme nécessaires l'une à l'autre, qui ont trouvé l'une dans l'autre la plus grande disposition à se comprendre, à s'aider, à s'interpréter noblement et à s'exciter au bien.

« De toutes ces sociétés, dit Cicéron[1], aucune n'est plus noble, aucune n'est plus solide que celle qui se forme entre des hommes de bien ayant des goûts et des habitudes conformes. »

Ne déshonore point le nom sacré d'ami en le donnant à un homme de peu ou point de vertu.

Celui qui hait la religion, celui qui n'a pas un soin extrême de sa dignité d'homme, celui qui ne sent pas qu'on doit honorer la patrie par son intelligence et sa probité, celui qui se montre fils peu respectueux et frère malveillant, fût-il le plus merveilleux des

---

[1] Grand orateur, grand écrivain de l'ancienne Rome. Il mourut âgé de 64 ans, l'année 43 avant J.-C.

hommes par la suavité de son extérieur et de ses manières, par l'éloquence de sa parole, par la multiplicité de ses connaissances et même par quelque élan brillant vers les actions généreuses, celui-là ne mérite pas qu'on se lie d'amitié avec lui. Te témoignât-il la plus vive affection, ne lui accorde point ton amitié: l'homme vertueux a seul les qualités qui conviennent à un ami.

Avant de reconnaître quelqu'un pour vertueux, que la seule idée qu'il ne l'est point peut-être, suffise pour te maintenir vis-à-vis de lui dans les limites d'une politesse générale. Le don du cœur est chose trop importante; se presser de le jeter est imprudence coupable, c'est un manque de dignité. Celui qui se lie avec des compagnons pervers se pervertit bientôt lui-même, ou du moins fait rejaillir honteusement sur lui quelque chose de leur infamie.

Mais heureux celui qui trouve un digne ami! Abandonnée à sa propre force, sa vertu souvent languissait : l'exemple et l'approbation d'un ami en double l'énergie. Peut-être s'effrayait-il d'abord se voyant enclin à beaucoup de défauts, et n'ayant pas encore la conscience de sa valeur; l'estime de l'homme qu'il aime le relève à ses propres yeux. rougit encore secrètement de ne pas posséder toutes les vertus que l'indulgence d'un autre lui suppose; mais son courage s'accroît pour travailler à se corriger. Il se réjouit de ce que ses bonnes qualités n'ont point échappé à son ami; il lui en est reconnaissant;

il ambitionne d'en acquérir d'autres, et on voit souvent, grâce à l'amitié, s'avancer vigoureusement vers la perfection un homme qui en était loin, qui en serait demeuré loin.

Ne va pas non plus faire de grands efforts pour avoir des amis; mieux vaut n'en avoir aucun que d'avoir à se repentir de les avoir choisis avec précipitation. Mais quand une fois tu en as trouvé un, honore-le d'une haute amitié.

Ce noble sentiment a été sanctionné par tous les philosophes; il est sanctionné par la religion elle-même.

Nous en rencontrons de beaux exemples dans l'Écriture : — « L'âme de Jonathas s'unit étroitement à l'âme de David... Jonathas l'aima comme son âme... » Mais, qui plus est, l'amitié a été consacrée par le Rédempteur lui-même. Il tint sur son sein la tête de Jean qui dormait, et du haut de la croix, avant d'expirer, il prononça ces divines paroles, qui sont tout amour filial et amitié : « Ma mère, voilà votre fils; disciple, voilà votre mère. »

---

21. Héroïsme de l'amitié.

I

Deux matelots, l'un Espagnol et l'autre Français, étaient dans les fers à Alger ; le premier s'appelait Antonio, Roger était le nom de son compagnon d'esclavage. Le hasard voulut qu'ils fussent employés aux mêmes travaux. L'amitié est la consolation des malheureux : Antonio et Roger en éprouvèrent toutes les douceurs ; ils se communiquèrent leurs peines et leurs regrets ; ils parlaient ensemble de leurs familles, de leur patrie, de la joie qu'ils ressentiraient si jamais ils étaient libres ; ils pleuraient enfin dans le sein l'un de l'autre, et cet adoucissement leur suffisait pour porter leurs chaînes avec plus de courage, pour trouver moins dures les fatigues auxquelles ils étaient condamnés.

Ils travaillaient à la construction d'un chemin qui traversait une montagne. L'Espagnol un jour s'arrête, laisse tomber languissamment ses bras, et jette un long regard sur la mer : « Mon ami, dit-il à Roger avec un profond soupir, tous mes vœux sont au bout de cette vaste étendue d'eau : que ne puis-je la franchir avec toi ! Je crois toujours voir ma femme et mes enfants qui me tendent les bras du rivage de Cadix[1], ou qui donnent des larmes à ma mort. » Antonio était absorbé dans cette image accablante ; chaque fois qu'il revenait à la montagne, il promenait sa vue mélancolique sur cet immense espace qui le séparait de son pays, chaque fois, il exprimait les mêmes regrets.

Un jour il embrasse avec transport son camarade :

---

[1] Grande ville d'Espagne, chef-lieu de province, port militaire, commerce étendu.

« J'aperçois un vaisseau, mon ami ; tiens, regarde, ne le vois-tu pas comme moi ? Il n'abordera pas ici, parce qu'on évite les parages barbaresques ; mais demain, si tu veux, Roger, nos maux finiront, nous serons libres ! Oui, demain, ce navire passera à environ deux lieues du rivage, et alors, du haut de ces rochers, nous nous précipiterons dans la mer, et nous atteindrons le vaisseau, ou nous périrons : la mort n'est-elle pas préférable à une cruelle servitude ? — Si tu peux te sauver, répondit Roger, je supporterai avec plus de résignation mon malheureux sort. Tu n'ignores pas, Antonio, combien tu m'es cher ! cette amitié qui m'attache à toi ne finira qu'avec ma vie. Je ne te demande qu'une grâce, mon ami ; va trouver mon père... Si le chagrin de ma perte et sa vieillesse ne l'ont pas fait mourir, dis-lui... — Que j'aille trouver ton père, mon cher Roger ! Eh ! que prétends-tu faire ? me serait-il possible d'être heureux et de vivre un seul instant si je te laissais dans les fers ? — Mais, Antonio, je ne sais pas nager, et tu le sais, toi. — Je sais t'aimer, repart l'Espagnol en fondant en larmes, serrant avec chaleur Roger sur sa poitrine ; mes jours sont les tiens ; nous nous sauverons tous deux. Va, l'amitié me donnera des forces ; tu te tiendras attaché à cette ceinture. — Il est inutile, Antonio, d'y penser ; je ne saurais m'exposer à faire périr mon ami ; cette idée seule m'inspire de l'horreur. La ceinture m'échapperait, ou je t'entraînerais avec moi ; je serais la cause de ta perte. — Eh bïen ! Roger, nous... Mais pourquoi former ces craintes ? Je te l'ai dit, l'amitié soutiendra mon courage ; je t'aime trop pour qu'elle ne fasse pas uń miracle. Cesse de combattre mon dessein ; je l'ai résolu. Je m'aperçois que les monstres qui nous gardent nous épient : il y a des compagnons même qui seraient assez lâches pour nous trahir. Adieu, j'entends la cloche qui nous rappelle, il faut nous séparer ; adieu, mon cher Roger, à demain. »

Ils sont renfermés dans leur bagne. Antonio était rempli de son projet ; il se voyait déjà franchissant la Méditerranée, libre et au milieu de ses compatriotes ; il était dans les bras de sa femme et de ses enfants ! — Roger se faisait un tableau bien différent : son ami, victime de sa générosité, emporté avec lui au fond de la mer, lorsque peut-être, ne s'occupant que de sa seule conservation, il eût pu se sauver, et être rendu à une famille qui gémissait et souffrait de son esclavage. Non, disait dans son cœur l'infortuné Français, je ne céderai point aux sollicitations d'Antonio ; je ne lui causerai point la mort pour prix de cette amitié si généreuse qu'il m'a vouée. Il sera libre, mon malheureux père apprendra du moins que je vis encore, que je l'aime toujours. Hélas ! je devais être l'appui de sa vieillesse, le consoler ; je lui étais nécessaire : peut-être dans ce moment expire-t-il dans l'indigence, appelant d'une voix éteinte son fils, son fils qu'il ne reverra plus... Allons qu'Antonio soit heureux ; je mourrai avec moins de douleur.

II

On ne vint pas le lendemain à l'heure ordinaire, tirer les esclaves de la prison : l'Espagnol était dévoré d'impatience, et Roger ne savait s'il devait se réjouir ou s'affliger de ce contre-temps. Enfin on les rend à leurs travaux ; ils ne pouvaient se parler : leur maître ce jour-là les avait accompagnés. Antonio se contentait de regarder Roger et de soupirer ; quelquefois il lui montrait des yeux la mer, et à cet aspect il pouvait à peine contenir des mouvements qui l'auraient perdu. Enfin, le soir arrivé, ils se trouvent seuls : « Saisissons le moment, s'écrie l'Espagnol. — Non, mon ami, répond tristement Roger, jamais je ne pourrai me résoudre à exposer ta vie ; adieu, adieu, adieu..... Antonio, je t'embrasse pour la dernière fois ; sauve-toi, je t'en conjure, ne perds pas de temps ; souviens-toi toujours de notre amitié. Je te prie seulement de me rendre le service que je t'ai demandé à l'égard de mon père : il doit être bien vieux, bien à plaindre, va le consoler ; s'il avait besoin de quelque secours !..... mon ami !..... »

A ces mots, Roger tomba dans les bras d'Antonio, en versant un torrent de pleurs ; son âme était déchirée. « Tu pleures, Roger ; ce ne sont pas des pleurs qu'il faut, c'est du courage ! Une minute encore, et nous sommes perdus ; peut-être ne retrouverions-nous jamais semblable occasion. Choisis : ou laisse-toi conduire, ou je me brise la tête sur ces rochers. »

Le Français se jette aux genoux de l'Espagnol, veut encore lui faire des représentations, lui montre les risques épouvantables qu'il court, s'il s'obstine à vouloir le sauver avec lui. Antonio le regarde tendrement, l'embrasse, gagne le sommet d'un rocher, et s'élance avec lui dans la mer. Ils vont d'abord au fond, reviennent ensuite au-dessus des flots. Antonio s'arme de toutes ses forces, nage en retenant Roger, qui semble s'opposer aux efforts de son ami, et craindre de l'entraîner dans sa chute.

Les personnes qui étaient dans le vaisseau restent frappées d'un spectacle qu'elles ne pouvaient distinguer ; elles croyaient qu'un monstre marin s'approchait du navire. Un nouvel objet détourne bientôt leur curiosité ; on voit une chaloupe quitter précipitamment le rivage et se mettre à la poursuite de ce qu'on avait pris pour quelque poisson monstrueux : c'étaient des soldats préposés à la garde des esclaves, qui brûlaient de reprendre Antonio et Roger. Celui-ci les voit venir ; en même temps il jette les yeux sur son ami, qui commençait à s'affaiblir ; il fait un effort et se détache d'Antonio, en lui disant : « On nous poursuit, sauve-toi, et laisse-moi périr : je retarde ta course. » A peine a-t-il achevé ces mots qu'il tombe et s'enfonce dans la mer. Un nouveau transport d'amitié ranime l'Espagnol; il s'élance vers le Français, le saisit au moment où il périssait, et tous deux disparaissent.

La chaloupe, incertaine de quel côté elle devait poursuivre sa route, s'était arrêtée, tandis qu'une barque détachée du navire allait reconnaître ce qu'on n'avait fait qu'entrevoir. Les flots recommencèrent à s'agiter; on distingue enfin deux hommes dont l'un, qui tient l'autre embrassé, s'efforce de nager vers la barque. On fait force de rames pour voler à leur secours. Antonio est prêt de laisser échapper Roger; il entend qu'on leur crie de cette barque; il serre son ami, fait un suprême effort et saisit d'une main défaillante un des bords de la barque; il va retomber, on les retient tous deux. Les forces d'Antonio étaient épuisées; [il n'a que le temps de s'écrier : « Qu'on porte du secours à mon ami, je me meurs; » et toutes les horreurs de la mort se répandent sur son visage. Roger, qui était évanoui, ouvre les yeux, lève la tête, et voit Antonio étendu à ses côtés, ne donnant plus aucun signe de vie. Le désespoir lui rend toute son énergie; il s'élance sur le corps de son ami, l'embrasse, l'inonde de ses larmes, pousse mille cris : « Mon cher Antonio, mon bienfaiteur, c'est moi qui suis ton assassin ! tu ne m'entends plus : c'est donc là la récompense de m'avoir sauvé la vie? Ah ! qu'on se hâte de me l'ôter, cette vie malheureuse; je ne puis plus la supporter, j'ai perdu mon ami ! »

Roger veut se poignarder; on lui arrache une épée

dont il s'était saisi. Il raconte, au milieu des sanglots, les détails de son aventure, aux gens de la barque ; il retombait toujours sur le corps d'Antonio. « Ne m'empêchez point de mourir !.... oui, mon ami, je vais te suivre, ajoutait-il en le couvrant de ses baisers et de ses larmes. Ayez pitié de moi, au nom de Dieu, laissez-moi mourir ! »

Le ciel, touché de tant d'héroïsme et d'une amitié si rare, voulut conserver ces deux hommes si dignes de servir de modèle à tous : Antonio semble se réveiller, un faible soupir s'échappe de sa poitrine, Roger pousse un cri de joie ; on se joint à lui pour donner du secours au malheureux Espagnol. Enfin, celui-ci lève un œil mourant ; ses premiers regards cherchent et se fixent sur le Français ; à peine l'a-t-il aperçu, qu'il s'écrie : « J'ai pu sauver mon cher Roger ! »

La barque arrive au vaisseau ; ces deux hommes inspirent une sorte de respect à l'équipage, ils excitent un intérêt puissant : tous se disputent le plaisir de les obliger. Roger arrive en France, court dans les bras de son père, qui pensa expirer de joie, et il fut nommé gondolier à Versailles. L'Espagnol, à qui on offrait un poste très-avantageux, ne songea qu'à aller rejoindre sa femme et ses enfants ; mais l'absence ne diminua rien de son amitié, une correspondance active s'établit entre lui et Roger. Leurs lettres sont des chefs-d'œuvre de naïveté et de sentiment

---

22. Sainval et Gervais.

Les nœuds d'une sainte amitié unissaient les jeunes Sainval et Gervais : mêmes goûts, mêmes amusements. Occupés de cette douce affection qui remplissait leur âme, ils passaient les jours les plus heureux. Un matin qu'ils étaient ensemble dans un bois à cueillir des noisettes, Gervais aperçut un nid d'oiseaux. Embrasser l'arbre, grimper sur la branche fut l'ouvrage d'un instant ; il satisfait son envie, et le voilà possesseur de quatre oiseaux que l'inexpérience rendait encore timides. Pendant qu'il cherchait le moyen de descendre sans les faire périr, un loup affamé vint droit à Sainval, qui jette un cri de terreur. Gervais voit le danger, et, quoique persuadé qu'il ne risque rien sur l'arbre, il se laisse glisser pour secourir son ami. Il saisit un caillou : le loup furieux s'élance sur Sainval ; Gervais le prévient, enfonce son bras dans la gueule de l'animal, et le tient en respect en serrant fortement sa langue, tandis que Sainval perce de son couteau le loup qui expire.

Sainval témoigna par ses caresses sa reconnaissance à son ami. Tous deux traînent leur proie à la ville. On s'assemble de toutes parts pour apprendre leur aventure. Le récit qu'ils en font arrache des larmes à tous les spectateurs. Gervais se dérobe bientôt aux applaudissements qu'on donne à sa bravoure, retourne au bois chercher ses oiseaux, les retrouve, et joue autour de la cage qui les renferme.

---

23. La Mort d'un ami.

J'en avais un, la mort me l'a ôté : elle l'a saisi au commencement de sa carrière, au moment où son amitié était devenue un besoin pressant pour mon cœur. Nous nous soutenions mutuellement dans les travaux pénibles de la guerre ; nous n'avions qu'une pipe à nous deux ; nous buvions dans la même coupe ; nous couchions sous la même toile, et, dans les circonstances malheureuses où nous sommes, l'endroit où nous vivions ensemble était pour nous une nouvelle patrie. Je l'ai vu en butte à tous les périls de la guerre, et d'une guerre désastreuse. La mort semblait nous épargner l'un pour l'autre ; elle épuisa mille fois ses traits autour de lui sans l'atteindre ; mais c'était pour me rendre sa perte plus sensible. Le tumulte des armes, l'enthousiasme qui s'empare de l'âme à l'aspect du danger, auraient peut-être empêché ses cris d'aller jusqu'à mon cœur ; sa mort eût été utile à son pays et funeste aux ennemis : je l'aurais moins regretté. Mais le perdre au milieu des délices d'un quartier d'hiver ! le voir expirer dans mes bras au moment où il paraissait regorger de santé, au moment où notre liaison se resserrait encore dans le repos et la tranquillité !....

Ah! je ne m'en consolerai jamais. Cependant sa mémoire ne vit plus que dans mon cœur; elle n'existe plus parmi ceux qui l'environnaient et qui l'ont remplacé : cette idée me rend plus pénible le sentiment de sa perte. La nature, indifférente de même au sort des individus, remet sa robe brillante du printemps, et se pare de toute sa beauté autour du cimetière où il repose; les arbres se couvrent de feuilles et entrelacent leurs branches; les oiseaux chantent sous le feuillage, les mouches bourdonnent parmi les fleurs : tout respire la joie et la vie dans le séjour de la mort; et le soir, tandis que la lune brille dans le ciel et que je médite près de ce triste lieu, j'entends le grillon poursuivre gaiement son chant infatigable, caché dans l'herbe qui couvre la tombe silencieuse de mon ami. La destruction insensible des êtres et tous les malheurs de l'humanité sont comptés pour rien dans le grand tout. La mort d'un homme sensible qui expire au milieu de ses amis désolés, et celle d'un papillon que l'air froid du matin fait périr dans le calice d'une fleur, sont deux époques semblables dans le cours de la nature. L'homme n'est rien qu'un fantôme, une ombre, une vapeur qui se dissipe dans les airs.

Mais l'aube matinale commence à blanchir le ciel; les noires idées qui m'agitaient s'évanouissent avec la nuit, et l'espérance renaît dans mon cœur. Non, celui qui inonde ainsi l'orient de lumière ne l'a point fait briller à mes regards pour me plonger bientôt dans la nuit du néant; celui qui étendit cet horizon incommensurable[1], celui qui éleva ces masses énormes dont le soleil dore les sommets glacés, est aussi celui qui a ordonné à mon cœur de battre et à mon esprit de penser.

Non, mon ami n'est point entré dans le néant; quelle que soit la barrière qui nous sépare, je le verrai! Ce n'est point sur un syllogisme[2] que je fonde mon espérance. Le vol d'un insecte qui traverse les airs suffit pour me persuader; et souvent l'aspect de la campagne, le parfum des airs, et je ne sais quel charme répandu autour de moi, élèvent tellement mes pensées, qu'une preuve invincible de l'immortalité entre avec violence dans mon âme et l'occupe tout entière.

----

24. Charité et Philanthropie.

Ce n'est que par la religion que l'homme comprend le devoir d'une parfaite philanthropie, d'une parfaite charité.

Le mot *charité* est admirable; mais celui de *philanthropie* a aussi sa sainteté, bien que plus d'un sophiste en ait abusé. L'apôtre s'en est servi pour exprimer l'amour de l'humanité, et même il l'a appliqué à cet amour de l'humanité qui est en Dieu

----

[1] Qui ne peut se mesurer, infini.
[2] Raisonnement.

même. On lit dans l'Épître à Titus : « Quand se montra la bonté et la philanthropie du Sauveur notre Dieu... »

Le Tout-Puissant aime les hommes, et il veut que chacun de nous les aime. Il ne nous est donné d'être bons, d'être contents de nous, de nous estimer, qu'à la condition d'imiter Dieu dans ce généreux amour, qui consiste à désirer, pour notre prochain, la vertu et le bonheur, et à lui rendre autant de services que nous le pouvons.

Cet amour résume pour ainsi dire tout le mérite humain, et il fait partie essentielle de l'amour que nous devons à Dieu, comme nous l'apprennent divers passages sublimes des livres sacrés, et notamment celui-ci :

« Le Roi dira à ceux qui seront à sa droite : Venez, ô les bénis de mon père ! prenez possession du royaume qui vous est préparé depuis la création du monde. J'ai eu faim, et vous m'avez donné à manger ; j'ai eu soif, et vous m'avez donné à boire ; j'ai été sans asile, et vous m'avez recueilli ; j'ai été nu, et vous m'avez vêtu ; j'ai été malade, et vous m'avez visité ; j'ai été prisonnier, et vous êtes venus à moi. Alors les justes lui répondront : Seigneur, et quand est-ce que nous vous avons vu ayant faim, et que nous vous avons donné à manger ? ayant soif, et que nous vous avons donné à boire ?

« Quand est-ce que nous vous avons vu sans asile,

et que nous vous avons accueilli? nu, et que nous vous avons vêtu?

« Quand est-ce que nous vous avons vu malade ou captif, et que nous vous avons visité?

« Le Roi leur répondra : Je vous dis en vérité que toutes les fois que vous avez fait des actions de charité envers les moindres de mes frères, c'est à moi que vous les avez faites. »

Formons-nous de l'homme, dans notre esprit, un type [1] élevé, puis faisons tous nos efforts pour ressembler à ce type. Mais que dis-je? ce type, notre religion nous l'a donné ; et celui-là, c'est le type par excellence ! Celui qu'elle propose à notre imitation est l'homme fort et doux au suprême degré ; — l'ennemi irréconciliable de l'oppression et de l'hypocrisie ; — le philanthrope qui pardonne tout, excepté la perversité qui se refuse au repentir ; — celui qui peut se venger et ne le veut point ; — celui qui traite fraternellement les pauvres, et ne lance point d'imprécations contre les riches de la terre, pour peu qu'ils se souviennent qu'ils sont les frères des pauvres ; celui qui n'apprécie pas les hommes d'après leur degré de savoir ou de prospérité, mais d'après leurs sentiments et leurs actions ; — c'est l'unique philosophe où ne se découvre pas la plus petite tache ; — c'est la manifestation complète de Dieu dans un être de notre espèce ; — c'est l'Homme-Dieu.

[1] Modèle.

Avec un si parfait modèle présent à l'esprit, quel respect n'éprouvera-t-on pas pour l'humanité? L'amour se mesure toujours à l'estime. Pour beaucoup aimer l'humanité, il faut l'estimer beaucoup.

———

25. M. Le Pelletier.

Nous passions à Orléans, dit M. D***, mon capitaine et moi. Il n'était bruit dans la ville que d'une aventure arrivée à M. Le Pelletier, homme pénétré d'une si profonde commisération pour les malheureux, qu'après avoir réduit, par des aumônes démesurées, une fortune assez considérable au plus étroit nécessaire, il allait de porte en porte chercher dans la bourse d'autrui des secours qu'il n'était plus en état de trouver dans la sienne.

Il n'y avait pas, parmi les pauvres et parmi les honnêtes gens instruits et pieux dont cette ville abonde, deux opinions sur la conduite de cet homme-là. Mais beaucoup de riches, qui se ruinaient en festins et en voyages à Paris, le regardaient comme une espèce de fou, et peu s'en fallut que ses proches ne le fissent interdire comme dissipateur.

Tandis que nous nous rafraîchissions à l'auberge des *Trois-Rois*, une foule d'oisifs s'étaient rassemblés autour d'une espèce d'orateur, barbier du Martroy, et lui disaient : « Vous y étiez, racontez-nous

4

comment la chose s'est passée. — Très-volontiers, messieurs, répondit l'orateur du coin, qui ne demandait pas mieux que de pérorer.

« M. Aubertot, une de mes pratiques, dont la maison fait face à l'église de Saint-Paterne, était sur sa porte; M. Le Pelletier l'aborde et lui dit : « Monsieur Aubertot, ne me donnerez-vous rien pour mes amis? » car c'est ainsi qu'il appelle les pauvres, comme vous savez. « Non, pour aujourd'hui, monsieur Le Pelletier. » M. Le Pelletier insiste : « Si vous saviez en faveur de qui je sollicite votre charité!... C'est une pauvre femme qui vient d'accoucher, et qui n'a pas un guenillon pour entortiller son enfant! — Je ne saurais. — C'est une jeune et belle fille qui manque d'ouvrage et de pain, et que votre libéralité sauvera peut-être du désordre. — Je ne saurais. — C'est un manœuvre qui n'avait que ses bras pour vivre, et qui vient de se fracasser une jambe en tombant de son échafaud. — Je ne saurais, vous dis-je. — Allons, allons, monsieur Aubertot, laissez-vous toucher, et soyez sûr que jamais vous n'aurez occasion de faire une action plus méritoire. — Je ne saurais, je ne saurais. — Mon bon, mon miséricordieux monsieur Aubertot! — Monsieur Le Pelletier, laissez-moi en repos; quand je veux donner, je ne me fais pas prier... » Et cela dit, M. Aubertot lui tourne le dos, passe de sa porte dans son magasin, où M. Le Pelletier le suit; il le suit de son arrière-boutique dans son appartement. Là M. Aubertot, excédé des instances de M. Le Pelletier, lui donne un soufflet ! ! !

« Après son soufflet reçu, le héros, martyr de la charité chrétienne, prit un air riant, et dit à M. Aubertot : « Cela, c'est pour moi ; mais mes pauvres ? »

« A ces mots, tous les Orléanais présents s'écrièrent d'admiration… La plupart pleuraient de sensibilité, lorsque mon capitaine (c'est toujours M. D*** qui parle) osa dire tout haut : « Ce M. Le Pelletier n'est qu'un lâche, à qui cependant cette épée aurait fait prompte justice ; un soufflet, morbleu ! » L'orateur lui répliqua : « Je vois, monsieur, que vous n'auriez pas laissé le temps à l'homme brusque et imprudent de reconnaître sa faute !… — Non, certes ! — Eh bien ! Aubertot tout en pleurs s'est jeté aux pieds de M. Le Pelletier en lui présentant sa bourse, en lui demandant mille excuses… — N'importe, j'aurais, dit le capitaine, la main sur son arme et l'air tout enflammé, j'aurais coupé le nez et les deux oreilles à votre Aubertot. » L'orateur avec dignité lui répondit : « Monsieur, vous êtes militaire, et M. Le Pelletier est chrétien. » Ce mot si simple fit un effet prodigieux. La rue retentit d'applaudissements, et moi je me disais : « On est plus grand quand on a l'Évangile dans son cœur que lorsqu'on le renferme dans le fourreau de son sabre. »

26. Le généreux Villageois.

Dans un débordement de l'Adige[1] le pont de Vérone[2] fut emporté, une arcade après l'autre. Il ne restait plus que l'arcade du milieu, sur laquelle était une maison, et dans cette maison une famille entière. Du rivage on voyait cette famille éplorée tendre les mains, demander du secours. Cependant la force du torrent détruisait à vue d'œil les piliers de l'arcade. Dans ce péril, le comte Spolvérini propose une bourse de cent louis à celui qui aura le courage d'aller sur un bateau délivrer ces malheureux. Il y avait à courir le danger d'être emporté par la rapidité du fleuve, ou de voir, en abordant au-dessous de la maison, écrouler sur soi l'arcade ruinée. Le concours du peuple était innombrable, et personne n'osait s'offrir. Dans ce moment passe un jeune villageois; on lui dit quelle est l'entreprise proposée, et quel sera le prix du succès. Il monte sur un bateau, gagne à force de rames le milieu du fleuve, aborde, attend au bas de la pile que toute la famille, père, mère, enfants et vieillards, se glissant le long d'une corde, soient descendus dans le bateau. « Courage, dit-il,

[1] L'Adige, fleuve d'Italie qui prend sa source dans les Alpes helvétiques et se jette dans la mer Adriatique.

[2] Grande ville du royaume Lombard-Vénitien. Elle est fort ancienne, et possède encore un magnifique amphithéâtre romain.

vous voilà sauvés. » Il rame , surmonte l'effort des eaux, et regagne enfin le rivage.

Le comte Spolverini veut lui donner la récompense promise. « Je ne vends point ma vie, lui dit le villageois ; mon travail suffit pour me nourrir, moi, ma femme et mes enfants ; donnez cela à cette pauvre famille qui en a plus besoin que moi. » Il serait difficile, je crois, d'ennoblir de tels incidents sans en altérer le pathétique, et un poëme où l'humanité se présenterait sous des formes si touchantes se passerait fort bien de ce qu'on appelle le merveilleux.

———

27. M. Labat.

M. Labat, riche négociant de Bayonne[1], était aux environs de cette ville, dans sa maison de campagne, sur les bords de l'Adour[2] ; il s'y était retiré pour rétablir sa santé. Un matin, ayant pris médecine, il se promenait en robe de chambre sur une terrasse peu élevée au-dessus de la rivière. Tout à coup il aperçoit de loin, sur l'autre rive, un jeune voyageur emporté par un cheval fougueux et précipité dans la rivière. M. Labat savait nager ; il ne réfléchit point sur le danger de se plonger dans l'eau un jour de

[1] Bayonne (Basses-Pyrénées), port très-commerçant sur l'Adour. Cette ville a donné son nom à la baïonnette, qui y fut inventée.

[2] L'Adour prend sa source au pied du pic du Midi (Hautes-Pyrénées), et va se jeter dans le golfe de Gascogne.

4.

médecine; il se débarrasse à la hâte de sa robe de chambre, s'élance dans l'Adour, et atteint l'infortuné au moment où il perdait connaissance! « O Providence! s'écria M. Labat en serrant avec transport ce jeune homme dans ses bras, j'ai sauvé mon fils!... »

C'était en effet son fils unique, qui, après une absence de six mois, revenait à franc étrier [1], sans avoir prévenu son père, afin de lui causer une agréable surprise. Cette surprise fut beaucoup plus touchante qu'il n'avait pu le prévoir : jamais le courage et la générosité n'ont été mieux récompensés.

Plaignons les lâches et les égoïstes : ils n'éprouveront jamais rien de pareil.

---

29. Trait de bienfaisance.

Le roi Louis XVI et son auguste épouse, peu de temps avant de monter sur le trône, se promenaient dans le parc de Versailles, libres du faste importun qui sans cesse assiége les grands; ils aperçurent une jeune enfant qui portait une écuelle et quelques cuillers d'étain. « Que portes-tu là? dit la princesse. —Madame, c'est la soupe pour mon père et ma mère qui travaillent là-bas aux champs. — Et avec quoi est-elle faite? — Avec de l'eau, madame, et des racines. — Quoi, sans viande? —Oh! madame, bien

---

[1] A cheval de poste.

heureux quand nous avons du pain. — Eh bien ! porte ce louis à ton père pour vous faire à tous de meilleure soupe. » Elle dit au prince : « Voyons ce qu'elle deviendra. » Ils la suivirent en effet, et considérant de loin le bonhomme courbé sous le poids de son travail, qui, dès que sa fille lui a remis le louis et lui a fait part de cette heureuse rencontre, tombe à genoux avec sa femme et ses enfants, et lève les mains vers le ciel. « Ah ! vois-tu, mon ami, s'écria la princesse, ils prient pour nous. Quel plaisir on goûte à faire du bien ! ton cœur ne dit-il rien à un pareil spectacle ? — Mettez votre main là, dit le prince en portant à son cœur celle de son épouse. — Oh ! ton cœur bat bien fort ! Va, tu es sensible, et je suis contente de toi. »

---

30. Mieux que ça.

L'empereur Joseph II [1] n'aimait ni la représentation ni l'appareil, témoin ce fait qu'on se plaît à citer. Un jour que, revêtu d'une simple redingote boutonnée, accompagné d'un seul domestique sans livrée, il était allé, dans une calèche à deux places qu'il conduisait lui-même, faire une promenade du matin aux environs de Vienne, il fut surpris par la pluie comme il reprenait le chemin de la ville.

Il en était encore éloigné lorsqu'un piéton, qui

[1] Joseph II monta sur le trône d'Autriche en 1780.

regagnait aussi la capitale, fait signe au conducteur d'arrêter ; ce que Joseph fait aussitôt. « Monsieur, lui dit le militaire (car c'était un sergent), y aurait-il de l'indiscrétion à vous demander une place à côté de vous? cela ne vous gênerait pas prodigieusement, puisque vous êtes dans votre calèche, et ménagerait mon uniforme que je mets aujourd'hui pour la première fois.—Ménageons votre uniforme, mon brave, lui dit Joseph, et mettez-vous là. D'où venez-vous? — Ah! dit le sergent, je viens de chez un garde-chasse de mes amis, où j'ai fait un fier déjeuner! — Qu'avez-vous donc mangé de si bon? — Devinez. — Que sais-je, moi, une soupe à la bière? — Ah! bien oui, une soupe! mieux que ça. — De la choucroute[1]? — Mieux que ça. — Une longe de veau? — Mieux que ça, vous dit-on. — Oh! ma foi, je ne peux plus deviner, dit Joseph. — Un faisan, mon digne homme, un faisan tiré sur les plaisirs de Sa Majesté[2], dit le camarade en lui frappant sur la cuisse. — Tiré sur les plaisirs de Sa Majesté! il n'en devait être que meilleur. — Je vous en réponds. »

Comme on approchait de la ville, et que la pluie tombait toujours, Joseph demanda à son compagnon dans quel quartier il logeait, et où il voulait qu'on le descendît. « Monsieur, c'est trop de bonté ;

[1] *Choucroute*, chou fermenté et assaisonné. L'usage de ce mets est très-répandu en Allemagne.

[2] C'est-à-dire sur les terres où la chasse était réservée pour l'empereur.

je craindrais d'abuser... — Non, non, dit Joseph, votre rue? » Le sergent, indiquant sa demeure, demanda à connaître celui dont il recevait tant d'honnêtetés. « A votre tour, dit Joseph, devinez. — Monsieur est militaire, sans doute? — Comme dit monsieur. — Lieutenant? — Ah! bien oui, lieutenant! mieux que ça. — Capitaine? — Mieux que ça. — Colonel, peut-être? — Mieux que ça, vous dit-on. — Comment diable, dit l'autre en se rencognant aussitôt dans la calèche, seriez-vous feld-maréchal? — Mieux que ça. — Ah! mon Dieu, c'est l'empereur! — Lui-même, » dit Joseph se déboutonnant pour montrer ses décorations. Il n'y avait pas moyen de tomber à genoux dans la voiture. L'invalide se confond en excuses, et supplie l'empereur d'arrêter pour qu'il puisse descendre. « Non pas, lui dit Joseph; après avoir mangé mon faisan, vous seriez trop heureux de vous débarrasser de moi aussi promptement; j'entends bien que vous ne me quittiez qu'à votre porte, » et il l'y descendit.

---

30. Wilhem le Flamand.

I

Un dimanche de l'année 1218, par un de ces beaux soleils de printemps qui viennent réchauffer la campagne et la consoler des rigueurs de l'hiver, les habitants de Paris avaient quitté les rues boueuses de la cité, et étaient venus s'esbaudir[1] par les prés, selon l'expression des chroniques[2] du temps. Là, chacun cherchait à profiter de cette magnifique journée, les vieux en devisant, les jeunes en exerçant leur corps par des jeux guerriers. C'était surtout vers les prairies qui entouraient le Louvre que se portait la population. Un prisonnier illustre expiait dans une captivité solitaire le crime d'avoir porté les armes contre son suzerain[3]. Pris à la bataille de Bouvines[4], Ferrand, comte de Flandre, avait été enfermé dans la tour après avoir orné le triomphe de son vainqueur; et ce fier seigneur, qui avait espéré peut-être anéantir la royauté française, déchu, seul, sans un ami pour partager ses souffrances, était réduit, pour respirer un peu d'air, à implorer de la pitié de ses gardiens la grâce de monter sur l'étroite plate-forme de la tour.

Au milieu de cette foule de curieux, qui, pour la plupart, n'avaient que des paroles amères à jeter au prisonnier, errait avec anxiété un jeune homme de quinze ans environ. Son costume annonçait qu'il était de basse extraction, et ses traits décelaient la fatigue et l'abattement. Chacune des injures qu'on

---

[1] S'égayer.

[2] *Chronique* signifie histoire écrite suivant l'ordre des temps.

[3] Son suzerain ou son seigneur.

[4] La célèbre bataille de Bouvines, où cinquante mille Français battirent une armée de cent mille hommes, fut livrée le 27 juillet 1214.

disait à Ferrand semblait briser son cœur ; et, après avoir longtemps promené ses yeux baignés de larmes sur toute cette foule, il alla tristement s'asseoir sur une pierre, et partagea un morceau de pain avec le chien qui l'accompagnait, puis il parut céder à la fatigue qui l'accablait, ses paupières se fermèrent. Cependant le soir arriva, le prisonnier rentra, les jeux cessèrent ; et, dans cette prairie où avaient retenti tant de cris divers, il n'y eut plus que le silence et l'obscurité. Lorsque le pauvre enfant se réveilla, et qu'il jeta ses regards autour de lui, il n'aperçut plus que la grande tour qui se détachait sur un ciel pur et étoilé. Il avait faim ; mais, hélas ! il ne lui restait plus rien... Immobile, les yeux fixés sur la terre, il se prit à pleurer ; puis tout à coup il essuie ses larmes, se lève précipitamment en s'écriant : « Peut-être ! » Il y avait toute une pensée d'espoir dans ce seul mot. Il s'avançait rapidement vers la tour, lorsqu'un homme à cheval et qu'entouraient plusieurs cavaliers l'arrête.

« Jeune gars[1], où **vas-tu ?** » L'enfant eut **peur**, il resta à la même place ; et Raph, son chien, son ami, se mit aussitôt sur la défensive. « Où vas-tu ? lui répéta la même voix. — A la tour, reprit avec assurance l'enfant, à qui le courage était revenu. — A la tour !... et quoi faire ? — Voir monseigneur le comte Ferrand de Flandre ! — Et as-tu un sauf-conduit du

---

[1] Garçon.

roi?... — Du roi?... non... — Alors, mon pauvre petit, rebrousse chemin, tu perdrais tes pas. Tu es de Paris? — Non, monseigneur... — Mais tu y habites? — Non... — Et où couches-tu donc? — J'arrive ce matin de la Flandre pour voir le comte; je n'ai point d'asile. — Eh bien! lui dit l'étranger en se séparant de son escorte et en s'avançant vers lui, suis-moi. »

II

On traverse silencieusement la plaine. L'inconnu s'avançait toujours, séparé de ses compagnons, et pendant quelques instants il sembla avoir oublié que l'enfant, par son ordre, marchait à côté de lui; il parut enfin s'en souvenir, et, ralentissant le pas de son cheval, il rompit le silence.

« Tu es donc venu de Flandre exprès pour voir le comte? — Oui, monseigneur. — Tu es venu seul? — Oh! non, monseigneur, avec Raph, qui n'a point voulu me quitter, dit-il, passant la main sur le cou de son chien, qui lui répondit par des battements de queue. — Mais personne autre ne t'accompagne? reprit le cavalier en souriant. — Non, monseigneur. — Et qui a pu te déterminer à entreprendre un voyage si long, si fatigant, toi jeune, sans ressources? — La reconnaissance, monseigneur... — La reconnaissance! Quel bienfait Ferrand t'a-t-il donc rendu, que tu ne crois pas le payer trop cher par les dangers, les fatigues que tu as affrontés? — Le plus grand des bienfaits, monseigneur; il a donné à mon père la vie, à nous tous la liberté. — Comment, la vie, la liberté! — Oui, monseigneur. — Conte-moi ton histoire, dit l'inconnu en ralentissant encore le pas de son cheval... Peut-être te serai-je utile. — Je m'appelle Wilhem, monseigneur; j'ai deux frères, et moi je suis l'aîné. Mon père était serf dans les domaines du comte de Flandre. Le serf travaille, ensemence, recueille, mais pas pour lui : tout lui est enlevé, et quelques aliments mauvais, souvent même insuffisants, voilà tout ce qu'il a pour se nourrir. Ce n'était pas pour lui que souffrait mon père, c'était pour nous... Il nous aime tant! ajouta l'enfant avec un soupir et en essuyant une larme... Un soir, voyant mes deux frères et moi dévorer avec avidité un morceau de pain noir, il sort précipitamment, et rentre bientôt apportant un jeune faon[1] : « Tenez, mes enfants, nous dit-il d'un air farouche, vous mangerez de la viande aujourd'hui comme des seigneurs. A l'espoir d'un mets inconnu, et qui paraissait si succulent, nous bondîmes de joie; mais, hélas! notre bonheur fut de courte durée. Un des écuyers du comte entra dans notre chaumière, et saisissant mon père : — Serf, lui dit-il, ce sont bien ses paroles, je m'en souviens, tu mourras demain... » Malgré nos cris, nos prières, notre père fut enchaîné et traîné hors de notre cabane. Nous voulions le

---

[1] Petit d'une biche.

suivre, mais nos sanglots, nos supplications furent inutiles : on nous chassa, et notre pauvre père disparut à nos yeux. Nous regagnions notre chaumière en versant des larmes; mais bientôt la force me revint : il fallait sauver celui qui s'était sacrifié pour nous. Je pars, je cours me jeter aux pieds du comte : Monseigneur, monseigneur, lui dis-je, grâce, grâce pour mon père !... Le comte fut touché. — Quel est le père de cet enfant? dit-il aux officiers qui l'entouraient. Un braconnier, répondit un écuyer, un serf qu'on a surpris chassant sur les terres seigneuriales... — Enfant, me dit le comte en me relevant, je veux pardonner à ton père; et puisqu'il est si beau chasseur, ajouta-t-il en souriant, libre qu'il devienne mon varlet[1] de fauconnerie. — Mon père fut rendu à la liberté, à nos embrassements. Nous bénissions chaque jour la bonté de notre maître, lorsqu'à son tour il est devenu malheureux. Lui aussi est prisonnier; il est seul, sans ami, sans quelqu'un qui le console en souffrant avec lui. Quelle que soit ma reconnaissance, je ne puis le délivrer; mais je puis venir partager sa captivité, l'adoucir peut-être par mes soins, par mon amour. Je partis de mon pays avec mon ami Raph, le chien de mon troupeau, et j'étais arrivé aujourd'hui le cœur tout plein d'espoir; mais, hélas! dit l'enfant les larmes

---

[1] *Varlet de fauconnerie*, c'est-à-dire chargé de ce qui se rapportait à la chasse qu'on faisait autrefois avec le faucon, oiseau de proie

aux yeux, mon voyage sera inutile, puisqu'il faut un sauf-conduit du roi... — Ne perds pas courage, mon enfant, dit le cavalier qui avait écouté avec attention le récit du jeune pâtre. Viens avec moi; demain, ce soir même tu verras le roi... Oseras-tu lui parler? — Si j'oserai! dit l'enfant en relevant la tête, si j'oserai! je n'aurai peur de rien dès qu'il s'agit de monseigneur de Flandre. — C'est bien, la reconnaissance te donne du courage. Entrons dans Paris. »

<h1 style="text-align:center">III</h1>

On était en effet sous les murs de la ville, qui s'étendaient à cette époque jusqu'à l'extrémité de ce que nous appelons aujourd'hui la Cité. Les portes étaient fermées; mais au son du cor d'un des cavaliers de l'escorte, elles s'ouvrirent. Bientôt on fut arrivé au château des Tournelles; toute la troupe s'arrêta avec respect sur le seuil de la porte; le cavalier seul, étant descendu de cheval, entra, et fit signe au pâtre de le suivre. Tous deux pénétrèrent dans une vaste salle, décorée avec toute la magnificence du temps.

« Le roi!... cria un héraut d'armes[1] en apercevant le cavalier, place au roi! » Tous les seigneurs se rangèrent avec respect. « Dieu vous soit en aide, messieurs, » dit Philippe en entrant; puis il s'assit,

---

[1] Officier dont la charge était de déclarer la guerre au nom du souverain, de publier la paix, etc.

et appelant le jeune homme, qui était immobile d'é-
tonnement : « Mon enfant, lui dit-il, je t'avais pro-
mis de te faire parler au roi, le voici ! Je suis prêt à
te remettre le sauf-conduit que tu demandes ; mais
avant, réfléchis bien. Si tu entres une fois dans la
tour, tu ne pourras jamais en sortir ; ta liberté, tu la
sacrifies. Y consens-tu ? » Il y eut un moment de
silence. « Y consens-tu ? répéta Philippe. — Oui,
répondit avec assurance le pâtre... — Réfléchis bien,
reprit le roi. Tu te condamnes à une prison perpé-
tuelle. Plus d'espoir pour toi de revoir jamais ton
pays, tes frères, ton père... Y consens-tu ?... — Oui,
répondit l'enfant. »

Philippe prit alors sur la table un parchemin, y
traça quelques lignes, et le lui remettant : « Tiens,
lui dit-il, demain tu verras Ferrand. »

Dire quels furent les sentiments qui remplirent le
cœur de Wilhem quand il pressa sur son sein cette
permission tant désirée, c'est impossible. Il est des
choses qu'on comprend, mais qu'on ne peut exprimer. Il y avait plus que de la joie dans cette âme en-
fantine et mâle à la fois ; il y avait presque du délire.
« Raph, Raph, s'écriait le jeune pâtre en caressant
son chien, nous verrons le comte demain !... » Et
après que le premier moment eut été donné à l'expression de ce qu'il ressentait, il tomba aux pieds du
roi, et lui embrassant les genoux, il lui disait :
« Merci, merci, monseigneur le roi, puisse Notre-
Dame de bon Secours vous donner grâce et récom-

pense ! — Va, mon enfant, lui dit le roi en le relevant, Dieu n'oubliera pas ton vertueux sacrifice. Honneur à lui, ajouta-t-il en se tournant vers les seigneurs qui l'entouraient, honneur à celui à qui rien ne coûte pour remplir un devoir sacré de reconnaissance ! »

Par l'ordre du roi, Wilhem fut conduit dans une des salles du palais, et, après avoir pris quelque nourriture, il étendit ses membres fatigués sur un lit préparé pour lui, et s'endormit bientôt en caressant son fidèle Raph, au milieu des douces pensées qui berçaient son imagination.

IV

Le lendemain, le jour commençait à poindre lorsque Wilhem se réveilla ; sa première pensée fut de remercier Dieu, et après une fervente prière, il quitta le château, muni de son précieux sauf-conduit. Il se dirige vers cette tour du Louvre qui renferme une grandeur déchue. Sa course rapide l'a bientôt porté auprès de ce but tant désiré. Déjà il aperçoit les murs épais de la prison de Ferrand. Encore quelques pas, et il sera au pied de la tour. « Arrière ! » lui cria une voix. Wilhem ne s'arrêta pas. « Arrière ! » lui répéta-t-on. Et le jeune enfant n'entendait pas. « Arrière ! lui cria-t-on encore d'une voix menaçante, arrière, ou crie merci à Dieu [1] ! »

[1] Crie *merci à Dieu*, ce qui signifie demande miséricorde à Dieu.

Cette fois Wilhem entendit; il tira de son sein le parchemin royal. « Ouvrez, ouvrez l'huis [1] à l'instant; j'ai un sauf-conduit de monseigneur le roi. »

La sentinelle reprit alors sa promenade bornée et monotone. Un homme sortit de la tour, prit le parchemin, le lut après l'avoir baisé, et fit signe d'entrer au jeune Flamand. Ils franchirent silencieusement cinquante degrés d'un escalier tortueux, et le conducteur de Wilhem lui ouvrit une grande porte de fer. Le pâtre entra, et la porte retomba lourdement. Il faut l'avouer, le pauvre enfant sentit son cœur se serrer lorsqu'il se vit dans cette salle obscure. Il s'arrêta immobile, respirant avec peine, quand il entendit le dernier bruit des verrous qu'on tirait sur lui. Quelques larmes roulèrent dans ses yeux; car alors il passait dans son âme un souvenir des plaines, des beaux vergers de son pays; son œil restait attaché au sol sans rien distinguer au milieu des ténèbres qui régnaient dans ce lieu de larmes et de douleurs. Cependant, peu à peu il s'accoutuma à l'obscurité, et il distingua dans un coin de la salle, étendu à terre sur un peu de paille, un homme amaigri par le malheur, vieilli par les chagrins et les souffrances. C'était Ferrand, comte de Flandre !... Il était endormi, mais son sommeil était agité, et un rêve pénible semblait le tourmenter. Wilhem se

---

[1] *L'huis,* ou la porte.

pencha vers lui, et il recula d'effroi, cependant il l'avait bien reconnu. Il s'agenouilla près de sa couche, et attendit en priant son réveil. Il y eut une agitation convulsive dans le prisonnier, et il ouvrit les yeux en s'écriant : « Marche, marche... Pâques et Notre-Dame... Victoire[1]!... » L'enfant eut peur. Dans le mouvement que fit le comte pour se mettre sur son séant, ses chaînes retentirent. Ferrand promena ses yeux égarés dans toute la chambre ; ils rencontrèrent ceux du jeune pâtre : « Qui est là ? s'écria le comte, qui est là ?... Encore un tyran qui vient troubler mon sommeil, espionner mes rêves... Et il retomba comme affaissé par la colère et le chagrin. — C'est moi, monseigneur... dit à voix basse le jeune pâtre tremblant. — Qui, toi ? répéta le prisonnier. — Moi, Wilhem le pâtre, le fils de votre varlet de fauconnerie... — De mon varlet de fauconnerie ! dit le comte en se relevant et en saisissant la main du jeune homme... Et que viens-tu faire ici ? m'apportes-tu la liberté ? — Je suis venu avec Raph pour vous tenir compagnie, monseigneur. — Et comment as-tu pu pénétrer jusqu'à moi ?...— J'ai un sauf-conduit du roi... — Combien de temps peux-tu rester ici ?... — Toujours... — Toujours ! et tu y consens ?... — Oh ! oui, monseigneur, si vous le voulez. — Pauvre enfant ! toi si jeune t'enfermer ici !... Oh ! non...;on y étouffe, on y meurt, ajouta-

[1] Cri de guerre.

t-il avec un soupir... — N'y êtes-vous pas? mon existence ne vous appartient-elle pas tout entière, comme à mon seigneur et maître? ne vous dois-je pas tout? la vie, la liberté, le bonheur de mon père!... — Tu me dois moins que bien d'autres, dit tristement le comte, et toi seul ne m'as pas oublié... Mais, ajouta-t-il, après une pause, tu partiras d'ici : je ne veux pas que tu sacrifies ta vie. — Monseigneur! s'écria le pâtre en saisissant la main amaigrie du comte et en la couvrant de baisers et de larmes, monseigneur, grâce et merci! ne me chassez pas! — Mais, mon pauvre enfant, tu ne sais pas les mille douleurs qu'on éprouve ici... On y meurt tous les jours... il n'y a pas d'air... toujours des larmes, des souffrances... — Elles sont moins cruelles quand on souffre deux... — Mais ton père?... — Vous en serez un pour moi... — Ta mère?... — Ma mère! dit l'enfant, et une grosse larme roula dans ses yeux, elle a mes deux frères qui l'aimeront bien... — Wilhem, dit le comte, ton dévouement est beau; je l'accepte. Le jeune pâtre embrassait les genoux du prisonnier. Celui-ci l'attira sur son cœur. Wilhem, mon ami, mon enfant, lui dit-il en pleurant, Dieu te donnera récompense dans un monde meilleur. »

V

Wilhem était enfin parvenu au comble de ses vœux; il était près du comte. Il allait partager ses peines, ses douleurs, sa captivité ; il pouvait enfin acquitter la dette de la reconnaissance.

Une seule chose soutenait Wilhem au sein de ce triste séjour ; c'était de voir Ferrand plus heureux reprendre plus de joie et de santé. Mais lui, le pauvre enfant, lui souffrait bien ; il étouffait dans cette triste demeure ; sa vie s'en allait se fanant sous le souffle de l'esclavage auquel il s'était condamné. Cependant il se cachait pour pleurer ; la nuit seulement, lorsque Ferrand dormait, ses yeux versaient des larmes brûlantes au souvenir de son beau pays, de cet air embaumé de liberté qu'il y respirait. Quand l'âme est souffrante, le corps s'en ressent bientôt. Il y avait à peine deux mois que le jeune Flamand était venu partager la captivité du comte, et déjà toutes les roses de son teint avaient disparu. Il était maigre, son rire était forcé, et souvent une larme venait démentir le mot gai que disait sa bouche. Ferrand ne s'en aperçut pas de suite : le malheur est aveugle et égoïste. Cependant il finit par voir tous les changements qui s'étaient opérés dans son compagnon.

« Wilhem, lui dit-il un jour, Wilhem, tu as du chagrin... Je veux que tu me quittes... — Jamais ! s'écria l'enfant... Et cependant son œil terne se porta involontairement vers un rayon de soleil qui pénétrait dans la salle. — Tu es malade, Wilhem, ajouta le comte... pars. — Jamais ! répéta l'enfant, » et il courut embrasser Ferrand. Ses lèvres étaient desséchées, et le prisonnier sentit rouler sur ses joues deux larmes brûlantes.

Le soir même de ce jour, tout le corps du pauvre enfant fut agité d'un frisson convulsif... Il avait la fièvre, et dans son délire il s'écriait : « La Flandre, la Flandre..., mon pays! J'étouffe, je meurs! »

Ferrand, agenouillé auprès de la couche de son ami, priait, tâchait de le réchauffer; mais ses soins furent inutiles. La nuit était arrivée à la moitié de sa course : un rayon de lune, pénétrant à travers la fenêtre de la salle, vint éclairer la figure de l'enfant. Il était calme, ses yeux étaient fermés; il dormait du sommeil des anges. Wilhem était allé chercher la récompense de ses vertus.

Ferrand comprit tout ce qu'il perdait; il alla tomber anéanti sur la paille qui lui servait de couche.

On dit que le lendemain, lorsqu'on vint enlever le corps du jeune pâtre, le prisonnier resta immobile à la même place; ses yeux fixes ne laissèrent couler aucune larme, sa bouche avait un sourire convulsif, et ses lèvres ne prononcèrent aucune parole : il était fou.

---

31. Entretien sur la forme de la terre.

LE MAITRE. Vous avez cru jusqu'ici, mes amis, que si l'on faisait disparaître toutes les inégalités, toutes les élévations qui couvrent la surface de la terre, elle serait alors parfaitement plate.

LÉONARD. Oui.

LE MAITRE. C'est une erreur.

LÉONARD. Comment donc? Quand on est sur une montagne bien haute, est-ce qu'on ne pourrait pas, si l'on avait la vue assez bonne pour cela, apercevoir les pays qui seraient à cent lieues, à mille lieues?

LE MAITRE, tirant de sa poche une orange. Pas plus qu'une mouche qui se promènerait sur cette orange ne pourrait voir le côté opposé à celui où elle se trouverait. La terre a précisément une forme approchant de celle d'une orange : c'est une énorme sphère un peu aplatie en deux points opposés, comme seraient ces deux-ci. Les montagnes les plus élevées qu'on rencontre à sa surface sont moins considérables, proportionnellement à sa masse, que ne le sont pour cette orange les petites inégalités que vous remarquez sur sa peau...

Vous paraissez surpris, mes enfants, en apprenant que la terre est ronde. Votre surprise va cesser dans un moment, quand je vous aurai fait connaître quelques-unes des raisons qui prouvent ce que j'avance.

Lorsque des bords de la mer on observe, à l'aide d'une lunette, un vaisseau qui s'avance vers les côtes, on n'aperçoit d'abord que le sommet des mâts; puis, à mesure que le vaisseau approche, on aperçoit les voiles, et enfin le corps même du bâtiment. De même si le vaisseau s'éloigne du rivage, on voit disparaître d'abord sa partie inférieure, puis les voiles, puis enfin les mâts.

Ne serez-vous pas bien aises de joindre à cette explication une autre preuve de la rondeur de la terre?

Si elle était plate, le soleil en éclairerait à la fois toutes les parties aussitôt qu'il serait levé; or, cela n'a pas lieu. Quand il fait jour sur une partie de la terre, il fait nuit sur une autre; quand il est une certaine heure dans un pays, il est une autre heure dans d'autres. Supposez qu'un voyageur parte du lieu où nous sommes, et que sa montre, parfaitement réglée, ne se dérange point en route. Il dirige sa marche vers le levant, c'est-à-dire vers le côté où le soleil se lève. A deux mille deux cent cinquante lieues d'ici, sa montre, qui a conservé l'heure qu'il est pour nous, marque midi; et cependant, dans l'endroit où il se trouve maintenant, le soleil est près de se coucher. Supposez au contraire que ce voyageur aille au couchant, c'est-à-dire vers le côté où le soleil se couche, et qu'il fasse le même chemin, sa montre marque encore midi, et pourtant le soleil vient de se lever pour le pays où il est maintenant. Ces expériences ont été faites très-souvent : cela ne peut s'expliquer que par la rondeur de la terre. Vous concevez en effet que si elle est ronde, dans le même temps où une moitié de sa surface est éclairée par le soleil, l'autre moitié est dans l'ombre; et que si le soleil se lève maintenant pour nous, il y a déjà longtemps qu'il est levé pour les pays qui sont à mille lieues de nous au levant, tandis qu'il ne peut pas encore être levé pour les pays qui sont à mille lieues de nous au couchant.

***

32. Description de la terre.

I

La terre a neuf mille lieues de circonférence, c'est-à-dire de tour ; sa surface est divisée en partie couverte d'eau, et en partie sèche et habitable : la partie couverte d'eau est l'Océan ; la partie sèche, les continents. L'Océan est plus considérable que les continents ; il recouvre un peu plus des trois quarts de la superficie du globe. On divise l'Océan, pour faciliter l'étude de la terre, en plusieurs parties dont les principales sont : l'océan Glacial arctique autour du pôle nord ; l'océan Atlantique et la mer du Nord, entre l'Europe, l'Amérique et l'Afrique ; l'océan Pacifique, entre l'Amérique et l'Asie ; l'océan Glacial antarctique, autour du pôle sud ; l'océan Indien, entre l'Afrique, l'Asie et la Nouvelle-Hollande.

Les grands prolongements de l'Océan dans l'intérieur des continents s'appellent des mers méditerranées. Il y en a plusieurs, telles que la mer Blanche, la mer Baltique, la mer Méditerranée en Europe ; la mer Rouge, entre l'Afrique et l'Asie ; la mer de Baffin, la mer d'Hudson, la mer Vermeille, en Amérique.

On nomme côtes ou rivages la limite qui sépare les continents des eaux des mers; les côtes sont formées par la terre des continents qui s'élèvent au-dessus du niveau des eaux.

Quand une mer entre largement dans les terres, elle forme un golfe; ce n'est qu'une baie si elle n'entre que dans une plus petite étendue.

Un détroit est une portion de mer très-resserrée entre deux terres, qui fait ordinairement communiquer une méditerranée avec l'Océan.

Un canal est un détroit assez long, placé entre une île et un continent, ou entre plusieurs îles.

Une île est une portion de terre entourée d'eau de tous côtés.

Un port sert à recevoir les vaisseaux, et à les abriter des vents et des tempêtes.

Il n'y a en réalité qu'un continent, quoiqu'on en compte quatre, savoir : l'Europe, l'Asie, l'Afrique et l'Amérique; ils ne forment qu'un continent, parce qu'ils tiennent ensemble et ne sont pas séparés. On appelle les trois premiers ancien monde, car ils sont connus depuis les temps les plus reculés; et le quatrième nouveau monde, parce qu'il a été découvert dans l'année 1492, le 6 décembre, par Christophe Colomb.

Les continents n'ont pas une surface unie; elle est au contraire très-inégale : on y voit des élévations, des enfoncements, des parties plates. Les élévations se nomment montagnes et collines. Les montagnes sont des élévations d'une grande hauteur : lorsque plusieurs d'entre elles se tiennent par leur base, elles forment une chaîne.

Un volcan est une montagne qui donne issue à une partie des matières brûlantes du centre de la terre ; l'ouverture par où elles sortent est un cratère.

Les collines sont des élévations de peu de hauteur.

Entre les montagnes il y a des enfoncements plus ou moins larges qui reçoivent différents noms ; on les appelle cols s'ils sont étroits, bordés de précipices, et que deux hommes puissent à peine passer de front ; c'est un val quand l'enfoncement a plus de largeur, et une vallée lorsqu'il est large, placé à la base des montagnes dont la pente est douce et très-accessible. Les vals sont ordinairement parcourus par des torrents, les vallées par des fleuves dont la source est dans les montagnes. Entre les collines, les enfoncements prennent la dénomination de vallons ; on y voit couler des rivières et des ruisseaux.

II

Les parties unies des continents sont désignées par les expressions de plaines, plateaux, steppes, déserts, landes.

Une plaine est une surface fertile, sans élévation, d'une étendue plus ou moins grande.

Un plateau est une plaine élevée au-dessus des pays voisins; c'est comme une immense colline dont le sommet est plat et fort étendu : il y a des plateaux qui forment des parties considérables de continents, et se terminent dans le pourtour par de hautes montagnes, tel est le plateau central de l'Asie.

Un steppe est une plaine basse qui se couvre naturellement de pâturages.

Le désert est une plaine aride, sablonneuse, qui ne produit des végétaux qu'aux endroits rares où sortent des sources peu abondantes ; ces lieux plus favorisés portent le nom d'oasis.

Une lande est un désert de peu d'étendue.

Des courants d'eau et des réservoirs naturels fertilisent les continents ; les courants sont :

1° Des fleuves lorsqu'ils se jettent dans la mer;

2° Des rivières lorsqu'ils se jettent dans un fleuve;

3° Des ruisseaux quand ils sont étroits, peu étendus, et qu'une rivière les reçoit.

Le lieu d'où ces courants sortent de terre est leur source; celui où ils se jettent dans la mer, dans un fleuve ou une rivière, est une embouchure : l'embouchure d'une rivière dans un fleuve s'appelle aussi un confluent.

Les réservoirs comprennent les lacs, les étangs et les marais.

Parmi les lacs, il y en a qui sont formés d'eaux douces comme les rivières; et d'autres d'eaux salées comme celles de la mer, car il faut que vous sachiez que les eaux de la mer contiennent des substances nommées sels. Un lac est une grande étendue d'eau entourée de terre de tous côtés. Le plus grand des lacs salés est le lac Caspienne [1] en Asie.

Un étang est une étendue d'eau moins considérable qu'un lac.

Le marais est une eau stagnante, bourbeuse et peu profonde.

Les continents ont des parties qui s'avancent dans les mers; on les nomme presqu'îles, parce qu'elles ne sont entourées d'eau que de trois côtés.

Si la presqu'île est unie au continent par une langue de terre étroite, resserrée par la mer à droite et à gauche, cette langue est un isthme.

Une montagne, qui termine un continent en s'avançant dans la mer, prend le nom de cap ou promontoire : les caps les plus célèbres sont le cap Nord, à l'extrémité nord de l'Europe; le cap de Bonne-Espérance au sud de l'Afrique; et le cap Horn, au sud de l'Amérique.

[1] On l'appelle aussi *mer Caspienne*.

33. Sur le poids de l'atmosphère.

I

D'abord il nous faut reconnaître que l'air, si léger qu'il soit, pèse quelque chose; que, par exemple, une bouteille pleine d'air est plus lourde qu'une bouteille vide d'air. Si vous en doutiez, il en faudrait faire l'expérience. — Mais comment obtenir une bouteille vide d'air? C'est bien aisé dans les cabinets de physique, où l'on a des instruments tout exprès avec lesquels on ôte l'air d'une bouteille comme avec une pompe vous ôtez l'eau d'un puits; mais nous n'avons pas encore de cabinet de physique.

Voyons pourtant. Si nous faisions bouillir quelque temps un peu d'eau au fond d'une bouteille ouverte, la vapeur de l'eau, en montant, en chasserait l'air; si après cela, bouchant la bouteille, nous la trempions doucement dans de l'eau froide, la vapeur restante redeviendrait eau par le refroidissement. Qu'y aurait-il alors dans la bouteille? Il n'y aurait plus d'air, puisque la vapeur l'en aurait chassé; il n'y aurait plus de vapeur, puisque le refroidissement l'aurait fait redevenir eau; il y aurait de l'eau et un espace vide.

Pesez cette bouteille telle que la voilà, notez son poids; puis ouvrez-là; que l'air rentre dans l'espace vide, et, bien rebouchée, pesez-la de nouveau, vous verrez qu'elle est plus lourde cette fois. Or, qu'y a-t-il de plus ? l'air qui est rentré : le surplus de pesanteur est donc le poids de l'air rentré.

Ainsi l'air pèse quelque chose, fort peu de chose, il est vrai; car les savants vous diront qu'un litre d'air, de l'air le plus dru, le plus lourd, le plus dense, comme ils disent, un litre d'air pris au niveau des mers et à la température de la glace fondante pèse près de huit cents fois moins qu'un litre d'eau pure; qu'un litre d'air pèse à peine un peu plus d'un gramme. — Mais si un seul litre d'air pèse un peu plus d'un gramme, combien pèsera de grammes et de kilogrammes [1] cette énorme masse d'air qui tout autour de la terre s'étend sur nos têtes par delà les plus hautes montagnes et les plus hauts nuages ?

II

Tâchons de découvrir nous-mêmes ce qu'il en est.

Prenons une cuvette d'eau : la masse de l'air, pesant du même poids sur tous les points à la surface de cette eau, se fera sur tous les points contre-poids à elle-même, et l'eau dans la cuvette devra se tenir sur tous les points à la même hauteur. — C'est en effet ce qui a lieu.

Plongez dans cette eau un chalumeau [2] de paille

---

[1] Nos lecteurs savent que le kilogramme, dont le poids est à peu près égal à deux livres, vaut mille grammes.

[2] *Chalumeau.* Tuyau de paille, de roseau, de métal, etc.

ouvert par les deux bouts, ou mieux un chalumeau de verre, afin de voir ce qui s'y passera. La masse de l'air pesant du même poids sur l'eau qui est dans le chalumeau et sur l'eau qui est à côté dans la cuvette, continuera de se faire contre-poids à elle-même, et l'eau devra rester à la même hauteur dans le chalumeau et dans la cuvette. — C'est en effet ce qui a lieu.

Mais si nous faisions en sorte que la masse de l'air continuant de peser à la surface de l'eau qui est dans la cuvette, rien (ni la masse de l'air ni autre chose) ne pesât à la surface de l'eau qui est dans le chalumeau, qu'arriverait-il? L'eau, pressée dans la cuvette par tout le poids de la masse de l'air, foulée et poussée par ce poids, devrait monter dans le chalumeau, où rien ne lui ferait plus contre-poids, où rien ne la refoulerait plus et ne la repousserait plus. Nous avons un moyen bien simple de faire en sorte que rien (ni la masse de l'air ni autre chose) ne pèse plus à la surface de l'eau qui est dans le chalumeau. — C'est d'en tirer l'air en le humant, en l'aspirant, c'est-à-dire en le faisant entrer dans notre poitrine.

Du moment que vous retirez ainsi l'air du chalumeau, il arrive justement ce que nous avons prévu : l'eau monte dans le chalumeau, et nous arrive à la bouche.

Voici donc en quoi ce fait consiste : le poids de la masse de l'air sur l'eau de la cuvette avait dans le chalumeau un contre-poids, ce contre-poids c'était le poids de cette même masse de l'air sur l'eau du chalumeau; ce contre-poids, nous l'ôtons en retirant l'air du chalumeau, en y faisant le vide. Le poids de la masse de l'air sur l'eau de la cuvette, n'étant plus dès lors contre-balancé par rien, fait monter l'eau dans le chalumeau.

III

Il est clair, d'après ce qui précède, que le poids de la masse de l'air fera monter l'eau de la cuvette dans le vide du chalumeau (supposez pour cela le chalumeau de longueur suffisante), tant qu'il sera (ce poids) sans contre-poids dans le chalumeau.

Mais que faudrait-il dans le chalumeau pour faire équilibre à ce poids de la masse de l'air sur l'eau de la cuvette ? — Il y faudrait un poids d'eau égal à ce poids de la masse de l'air.

On sait par expérience que l'eau ne monte pas au delà de trente-deux pieds environ dans le vide du chalumeau, ou, ce qui est la même chose, dans le vide d'un corps de pompe, lors même qu'il reste encore un espace vide au-dessus.

Cela veut donc dire que trente-deux pieds d'eau dans le chalumeau ou dans le corps de pompe font contre-poids au poids avec lequel la masse de l'air pèse sur l'eau de la cuvette ou du puits, et sont précisément d'un poids égal à ce poids de la masse de l'air.

Ainsi ces trente-deux pieds d'eau, montés et soutenus dans le vide du chalumeau ou du corps de pompe, nous apprennent ce que pèse la vaste enveloppe d'air qui entoure la terre. Elle pèse exactement ce que pèserait à sa place une enveloppe d'eau de trente-deux pieds d'épaisseur.

Mais la masse de l'air n'est pas à toutes les hauteurs de la même épaisseur. Il est clair que sur une montagne élevée de quinze cents pieds au-dessus de la plaine, elle sera de quinze cents pieds moins épaisse. N'étant plus de la même épaisseur, elle ne sera plus du même poids. Si c'est réellement son poids sur le liquide de la cuvette qui fait monter ce liquide dans le vide du tube, jusqu'à ce qu'ainsi monté il fasse contre-poids à l'air, ce poids de la masse de l'air étant plus faible sur la montagne que dans la plaine y fera monter le liquide moins haut que dans le vide.

C'est d'après ces découvertes qu'on a construit le baromètre, qui sert à mesurer les hauteurs.

---

34. La Glace.

La glace n'est autre chose que de l'eau rendue solide par l'effet du froid. Dans ce nouvel état, l'eau a perdu sa fluidité, sa mobilité ; elle ressemble à du cristal ; elle a augmenté de volume et est devenue plus légère, puisqu'on voit nager les glaçons à la surface des rivières qui charrient, et cette augmentation de volume, cette espèce de gonflement est la cause qui fait casser nos cruches quánd l'eau qu'elles contiennent vient à s'y congeler. L'eau salée, ou l'eau qui est mêlée à quelque liqueur spiritueuse, se sépare et se congèle seule : c'est un moyen de séparer l'eau de la liqueur.

Il existe des masses immenses d'eau glacée sous les pôles, et les voyageurs qui naviguent dans les mers du Nord rencontrent souvent des montagnes flottantes de glaces, et finissent par être arrêtés au milieu des glaçons qui ne leur permettent plus d'avancer.

---

35. La Neige.

La neige est le produit d'un brouillard épais que le froid change en une infinité de petits glaçons imperceptibles, lesquels, en se réunissant, forment le plus ordinairement de légers flocons irréguliers qui tombent avec plus ou moins d'abondance, et couvrent la terre d'une couche plus ou moins épaisse, dont l'effet est de préserver du plus grand froid les végétaux qu'elle cache. Il arrive quelquefois, et principalement quand l'air est tranquille, que chaque particule de neige a la forme d'une jolie petite étoile à six rayons d'une délicatesse extrême, et qui ressemblent à de petites plumes.

La neige se durcit à la longue ou par l'effet d'un grand froid ; elle se change même en glace quand elle est fortement comprimée. Dans les pays où il en tombe encore plus que chez nous, comme en Suisse et en Savoie, il y a des montagnes où la neige ne fond jamais, et c'est elle qui donne naissance aux glaciers, qui sont des amas énormes de glace. Quand la neige s'amasse sur des pentes très-rapides, il arrive un moment où elle ne peut se soutenir, et alors il se fait ce que l'on nomme dans ce pays une avalanche, c'est-à-dire une sorte d'éboulement de neige, qui entraîne, couvre ou écrase tout ce qui se rencontre sur son passage.

---

36. Maître Pierre fait fondre la neige qui couvre son jardin.

On vit maître Pierre un beau matin semer avec son neveu de la terre, de la cendre, de la suie et des balayures sur toute la surface de son jardin, et particulièrement sur les carreaux qu'il voulait cultiver les premiers. On ne comprenait rien à cette opération, mais on pensait bien que Pierre avait quelques bonnes raisons pour la faire; et, en effet, au bout de quelques jours, son jardin seul se trouva tout à fait découvert, tandis que les autres étaient encore sous la neige.

Les voisins étonnés crurent que cet effet était dû à quelques drogues particulières que l'on avait mêlées avec la poussière. Pierre n'a de secret pour personne;

mais cependant il remit à quelques jours pour expliquer ce petit phénomène, afin que l'on en sentît mieux les conséquences. Pendant ce délai ses pois prenaient de la force, ses laitues levaient; et quand notre homme eut ainsi pris un peu d'avance sur tous les autres, qui commençaient à peine à bêcher, il leur fit voir l'état de son cher jardin et satisfit leur curiosité.

Vous ne vous souvenez donc déjà plus que la couleur noire, en absorbant tous les rayons solaires, a la propriété de s'échauffer plus vite que le blanc, qui les renvoie presque tous; vous avez donc oublié l'expérience que je vous ai faite avec ma lentille ardente et un as de pique? Rappelez-vous que je perçai la carte aussitôt que je fis tomber le point lumineux sur le noir, et qu'il me fut impossible d'en faire autant sur la partie blanche. Eh bien! mes amis, je ne fais autre chose que de noircir la surface de la neige pour l'obliger à fondre, et l'effet qui en est résulté n'est qu'une simple application de ce que j'ai fait en petit sur la carte. Souvenez-vous donc qu'il suffit de salir la surface de la neige pour la faire fondre beaucoup plus vite qu'elle ne le ferait si on la laissait blanche; souvenez-vous que toutes les poussières noires sont bonnes, et que leur nature ou composition est tout à fait indifférente pour cet objet.

C'est encore par la même raison que les vêtements bruns ou noirs sont plus chauds que les blancs, et qu'on doit les préférer pour l'hiver.

37. Le brouillard et les nuages.

Le brouillard qui remplissait ce matin toutes nos vallées, dit maître Pierre, et que vous avez traversé en allant à la montagne, n'était qu'un nuage analogue à ceux que vous voyez tous les jours au ciel ; car, comme le disait M. Monge [1], un brouillard est un nuage dans lequel on est, et un nuage est un brouillard dans lequel on n'est pas. En effet, la pluie tombe toujours des nuages ; et toutes les fois qu'un brouillard devient trop épais, il mouille et se change en pluie. Il est probable que les nuages bas ou les brouillards du matin, pompés ou absorbés par la chaleur du soleil, contribuent beaucoup à la formation des orages.

Les nuages ne sont donc composés que d'eau presque réduite en vapeur, et quant à leurs formes, à leur étendue, à leurs couleurs, tout cela dépend de leur éloignement plus ou moins grand, de la manière dont le soleil ou la lune les éclaire, de leur épaisseur et de plusieurs autres causes accidentelles. Ce qui est certain, c'est qu'il n'y a point de tonnerre et d'éclairs sans nuages ; d'où il faut conclure que l'air chaud a besoin d'être surchargé d'eau pour qu'il y ait orage proprement dit.

---

[1] Savant célèbre, né à Beaune (Côte-d'Or) en 1746, mort en 1818.

39. Filtre à charbon. — Moyen de rafraîchir l'eau en plein soleil. — Comment on fait une girouette avec les doigts.

Pierre fit ses petits préparatifs : il prit le plus grand entonnoir qu'il put trouver, le boucha par le bas avec une petite éponge, le remplit au tiers avec de la poudre de charbon de bois bien lavée, et recouvrit le tout de deux travers de doigt de sablon propre. Il fixa son entonnoir ainsi préparé au-dessus d'une carafe, et versa l'eau puante sur le sablon; elle filtra bientôt : il en remit de nouvelle, et en un instant il eut une carafe d'eau parfaitement claire et qui n'avait plus aucun mauvais goût; le domestique courut la porter à son maître, et lui raconta ce qu'il avait vu. Quand il fut parti, on n'en resta pas là; on prit de l'eau dans une mare où les canards barbotaient tout le jour, et qui était boueuse et verdâtre; on la versa sur le filtre, d'où on la vit sortir aussi limpide et aussi bonne à boire que celle de la fontaine.

Les épreuves que Pierre fit sur les eaux puantes et marécageuses, qu'il s'amusait à rendre agréables à boire et à faire goûter à ses voisins, le firent souvenir du moyen que l'on pouvait employer pour rafraîchir l'eau, et pour la rendre plus saine et plus légère.

Il disait qu'en transvasant l'eau d'un vase dans un autre, en la versant d'un peu haut, on parvenait

achetant une assez grande quantité de marchandises. « Je vous ai donné ce prix-là, disait-il, parce que j'ai cru que c'était la livre de seize onces; certainement je ne l'eusse jamais payée si cher si j'avais su que ce ne fût que la livre de quatorze onces. — Et moi, répondait l'épicier, je ne vous l'eusse pas donnée au même prix non plus s'il eût été question de la livre de seize onces. Tout le monde sait que je suis un honnête homme, et que je ne trompe personne, entendez-vous? — Vous deviez me prévenir. — Vous deviez savoir ce que vous faisiez. — Je sais ce qu'on fait dans mon département, et ne suis pas obligé de connaître les usages du vôtre; je m'en rapporte à ces messieurs. — Et moi aussi. »

« Messieurs, dit Simon de Nantua, il est évident que le marché ne peut tenir, puisqu'il y a eu un malentendu de cette nature. Mais voici une petite aventure qui devrait bien vous faire sentir le tort que vous vous faites à vous-mêmes, en vous obstinant à faire usage des anciens poids et mesures que le gouvernement a réformés; vous voyez ce qu'il en résulte. Quand on a imaginé d'établir un système uniforme de poids et mesures dans toute la France, c'est qu'on sentait l'inconvénient de ces diversités qui existaient, dans l'ancien système, d'un département à l'autre. Il ne faut que du bon sens pour comprendre combien il est plus commode, plus avantageux et plus expéditif d'employer partout les mêmes poids, les mêmes mesures. Quelle est donc la cause

6.

pour laquelle il y a encore des gens qui s'obstinent à faire usage de l'ancien système, tout incommode qu'il est? La voici : c'est que d'une part les marchands ne veulent pas se donner la peine d'apprendre le nouveau, et de l'autre, les consommateurs prétendent que, n'y étant pas habitués, ils pourront être facilement trompés par les marchands qui ne sont pas honnêtes. Les uns et les autres ont également tort. Premièrement, messieurs les marchands ne se doutent pas qu'ils auraient beaucoup moins de peine à apprendre le nouveau système qu'ils n'en prennent tous les jours à faire les calculs et les réductions que l'ancien nécessite. Il n'y a rien de si simple que les divisions nouvelles, qui sont toutes basées sur le système décimal. Très-certainement il est plus aisé et plus prompt de calculer des grammes, des hectogrammes et des kilogrammes, que des livres, des onces, des gros, etc.

« Vous me direz que vous ne comprenez rien à ces noms-là; mais je ne vois pas ce qu'ils ont de plus difficile et de plus fatigant pour la mémoire que les autres. Qu'est-ce que le mot mètre a donc de plus étrange que le mot aune? Toutes ces objections-là seraient très-bien placées s'il était question, au contraire, de substituer les anciennes mesures aux nouvelles. Quant aux consommateurs qui ont peur d'être trompés, ce qui vient de se passer ici doit leur prouver à quel point ils sont dans l'erreur s'ils se figurent qu'ils y soient moins exposés en achetant des livres plutôt que des kilogrammes, des pintes plutôt que des litres. Si chacun voulait faire ce qu'il faut pour l'adoption générale du nouveau système métrique, chacun assurément y gagnerait. Je sais bien qu'avec le temps l'ancien finira par disparaître tout à fait; mais pourquoi se priver volontairement d'un avantage dont on pourrait si facilement et si promptement se procurer la jouissance? Je souhaite que ce qui vient ici de donner lieu à une dispute serve de leçon à tous ceux qui en sont témoins; et sur ce, messieurs, je vous laisse résilier entre vous votre marché. »

---

40. La propreté ne coûte rien.

Ayant été surpris le premier jour de notre route par un violent orage, nous nous réfugiâmes dans une chaumière d'apparence très-pauvre, où il y avait une femme d'une quarantaine d'années et de jeunes enfants. Le mari était apparemment dans les champs. Il ne fallait pas moins que la pluie qui tombait par torrents pour nous engager à rester dans ce lieu, où nous respirions un air infect, qui paraissait n'avoir pas été renouvelé depuis longtemps. Tout y était d'une saleté excessive, et la mère et les deux enfants étaient eux-mêmes ce qu'il y avait de plus malpropre dans la maison. Je ne pouvais m'empêcher de rire, au milieu de tout cela, en voyant la drôle de grimace que ce spectacle faisait faire à Simon de Nantua. Il ne put garder longtemps le silence, et parla ainsi à cette femme : « Savez-vous, ma bonne dame, que votre habitation n'est pas des plus propres, et que vous vous exposez beaucoup en n'ayant pas plus soin que cela de votre maison, de vos enfants et de vous-même ? — Eh ! mon cher monsieur, il faudrait avoir les moyens de prendre ces soins-là. Vous voyez, nous sommes si pauvres ! — Cela est vrai, et je vous plains de tout mon cœur. Mais croyez-vous donc que la propreté soit une chose dispendieuse ? Êtes-vous obligée de payer l'air que vous laisseriez entrer chez vous ou bien l'eau avec laquelle vous nettoieriez vos effets et vos corps ? La misère ne peut pas excuser la malpropreté ; car enfin l'eau et l'air sont des choses qui appartiennent à tout le monde. Je ne conçois pas comment vous pouvez vivre là-dedans. Cette malpropreté vous coûte plus cher que vous ne pensez ; elle est extrêmement nuisible à la santé, et je ne m'étonnerais pas qu'elle eût des suites fâcheuses pour la vôtre et pour celle de vos enfants. Il n'y a rien de plus malsain d'abord que de respirer toujours un air infect et corrompu. Si vous laissez vos corps couverts de crasse et de vermine, voilà un commencement de corruption, et il en peut résulter des maladies très-graves. Voyez les animaux qui vont se plonger dans l'eau pour nettoyer leur corps ; l'instinct les conduit à prendre ce soin, qui est naturel et nécessaire. Pensez-vous aussi que ce soit une chose bien saine que cette humidité qui couvre vos murs? — Eh! mon bon monsieur, dit la femme, comment faire pour l'empêcher? — Comment faire? Il n'y a pas d'autre moyen que de tenir vos murs très-propres et de donner souvent de l'air à votre maison. Je sais bien que vous ne parviendrez pas à chasser ainsi complétement l'humidité, mais à coup sûr vous la diminuerez beaucoup; au lieu que si vous ne renouvelez jamais l'air ici dedans, comment voulez-vous que cette eau s'évapore et s'en aille? Voilà des vases dans lesquels vous faites la cuisine, qui n'ont pas l'air d'être lavés bien souvent; je vous avertis que cela est fort dangereux, et que vous risquez de vous faire beaucoup de mal. Regardez le visage de vos enfants, comme il est couvert de boutons! Cela augmentera, et ils finiront par être rongés d'ulcères. Eh! mon Dieu, est-il donc si difficile de se tenir propre? Encore une fois, cela ne coûte rien. Quelque pauvre que l'on soit, il ne faut jamais oublier la dignité humaine et se rendre repoussant aux yeux des autres. En vérité, ma bonne dame, je vous le conseille, ayez plus soin de vous et de tout ce qui vous entoure, et soyez sûre que vous y trouverez une sorte de bien-être qui adoucira votre position. »

Simon de Nantua aurait parlé plus longtemps, mais il n'était pas fâché de sortir de ce mauvais air; et comme il s'aperçut que la pluie avait cessé, nous dîmes adieu à ces pauvres gens, et nous continuâmes notre route.

41. La nature en France.

Parcourez la France du nord au sud, votre étonnement et votre plaisir iront toujours en croissant : les gras pâturages, les fertiles champs de blé de la Flandre et de la Beauce céderont la place aux beaux vergers de la Normandie et aux champs de lin de la Bretagne. Les côtes de cette province vous offriront les tableaux mélançoliques de l'Écosse et de la Norvége, adoucis par un climat tempéré. Des célèbres coteaux de la Marne et des rives majestueuses du Rhin, vous pouvez passer aux vignobles de la Bourgogne, non moins célèbres. Les bords délicieux de la Loire arrêteraient vos pas si les rochers volcanisés de l'âpre et salubre Auvergne, les basaltes[1] du Velay et du Vivarais, et les sites helvétiques[2] du Jura, ne se disputaient vos regards. Quoique vous ayez voyagé dans les montagnes, le Dauphiné vous réserve des surprises ; ses rochers nus et stériles, bornant des vallées fécondes, le climat rude de ces hauteurs dominant une température délicieuse, les superbes bois de mélèzes et de sapins, et la variété des plantes et des minéraux, seront encore nouveaux pour vous. Si vous n'avez pas visité l'Italie et l'Espagne, vous vous consolerez lorsque les orangers et

[1] Roche noire et fort dure.

[2] Sites *helvétiques*, c'est-à-dire semblables à ceux de la Suisse, qu'on appelait autrefois *Helvétie*.

les oliviers, les plantations de mûriers et les jardins embaumés sous le beau ciel de la Provence et du Languedoc, s'offriront à vos regards. Vous concevrez alors pourquoi ces contrées ont inspiré plus de troubadours[1] que le reste de la France.

———

42. Chute et pont naturel de l'Ardèche.

Le bassin de l'Ardèche, qui traverse ce département avant de se réunir au Rhône, est alimenté par environ trente-six ruisseaux, dont plusieurs se précipitent en cascades des pics supérieurs des montagnes, et offrent de tout côté des vues pittoresques ; mais elles cèdent toutes en beauté à l'aspect que présente l'Ardèche à l'endroit où ses eaux descendent d'une pente presque perpendiculaire, et dans le voisinage d'une cascade qui se jette du haut d'une roche basaltique appelée le Ray-Pic, et élevée de vingt toises au-dessus du bassin creusé par la chute. On peut faire le tour de ce bassin et passer sans crainte entre la roche et l'énorme colonne d'eau qui s'engouffre avec fracas dans le précipice.

Lorsqu'un hiver rigoureux fait geler l'eau de ce bassin, on voit même la colonne d'eau former une masse de glace, qui s'élève à mesure que le froid

———

[1] Anciens poëtes provençaux. Les troubadours allaient de château en château chanter leurs poëmes.

augmente jusqu'au haut de la roche d'où l'eau se précipite. C'est une espèce de manteau qui recouvre la cascade, et que le dégel fait tomber ensuite à grand bruit : il entraîne avec lui les arbres les plus forts et quelquefois les chaumières des infortunés que la misère relègue dans ces tristes climats.

Au-dessus de cette cataracte s'élève sur l'Ardèche un pont naturel appelé le pont d'Arc. Deux hautes montagnes coupées à pic resserrent à droite et à gauche la rivière, et se rejoignent en forme de voûte, présentant ainsi le spectacle d'un pont naturel en marbre grisâtre, qui s'élève au-dessus des eaux presque à la hauteur de cent pieds. L'arche de ce pont, qui, à la vérité, n'est pas très-régulière, est peut-être la plus hardie qui existe en France; elle est haute de quatre-vingt-dix pieds depuis la clef jusqu'au niveau moyen de la rivière. Sa largeur, prise d'une pile à l'autre, est de cent soixante-trois pieds. Le haut du pont est presque courbé et couvert de verdure.

---

43. Il est un Dieu.

Il est un Dieu. Les herbes de la vallée et les cèdres de la montagne le bénissent; l'insecte bourdonne ses louanges, l'éléphant le salue au lever du jour, l'oiseau le chante dans le feuillage, la foudre fait éclater sa puissance, et l'Océan déclare son immensité. L'homme seul a dit : — Il n'y a point de Dieu.

Il n'a donc jamais, celui-là, dans ses infortunes, levé ses yeux vers le ciel, ou, dans son bonheur, abaissé ses regards vers la terre! La nature est-elle si loin de lui qu'il ne l'ait pu contempler, ou la croit-il le simple résultat du hasard? mais quel hasard a pu contraindre une matière désordonnée et rebelle à s'arranger dans un ordre si parfait?

---

44. Le Déluge.

Soit que Dieu, soulevant le bassin des mers, ait versé sur les continents l'Océan troublé, soit que, détournant le soleil de sa route, il lui ait commandé de se lever sur le pôle avec des signes funestes, il est certain qu'un affreux déluge a ravagé la terre.

En ce temps-là la race humaine fut presque anéantie. Toutes les querelles des nations finirent, toutes les révolutions cessèrent. Rois, peuples, armées ennemies, suspendirent leurs haines sanglantes, et s'embrassèrent saisis d'une mortelle frayeur. Les temples se remplirent de suppliants qui avaient peut-être renié la Divinité toute leur vie; mais la Divinité les renia à son tour, et bientôt on annonça que l'Océan tout entier était aussi à la porte des temples. En vain les mères se sauvèrent avec leurs enfants sur le sommet des montagnes; en vain les hommes disputèrent aux ours effrayés la cime des chênes; l'oiseau même, chassé de branche en branche par le flot toujours croissant, fatigua inutilement ses ailes sur des plaines d'eau sans rivages. Le soleil, qui n'éclairait plus que la mort au travers des nues livides, se montrait terne et violet comme un énorme cadavre noyé dans les cieux ; les volcans s'éteignirent en vomissant de tumultueuses fumées, et l'un des quatre éléments, le feu, périt avec la lumière.

Ce fut alors que le monde se couvrit d'horribles ombres, d'où sortaient d'effrayantes clameurs ; ce fut alors qu'au milieu des humides ténèbres, le reste des êtres vivants, le tigre et l'agneau, l'aigle et la colombe, le reptile et l'insecte, l'homme et la femme, gagnèrent tous ensemble la roche la plus escarpée du globe ; l'Océan les suivit, et, soulevant autour d'eux sa menaçante immensité, fit disparaître sous ses solitudes orageuses le dernier point de la terre.

Dieu, ayant accompli sa vengeance, dit aux mers de rentrer dans l'abîme ; mais il voulut imprimer sur ce globe des traces éternelles de son courroux : les dépouilles de l'éléphant des Indes s'entassèrent dans les régions de la Sibérie[1] ; les coquillages magellaniques[2] vinrent s'enfouir dans les carrières de la France ; des bancs entiers de corps marins s'arrêtèrent au sommet des Alpes, du Taurus[3] et des Cor-

---

[1] *Sibérie.* Vaste contrée très-froide au nord de l'Asie.

[2] *Magellaniques* ou de l'extrémité sud de l'Amérique méridionale. Le célèbre Magellan, navigateur portugais, a laissé son nom au détroit qu'il a découvert à ce point du globe.

[3] *Taurus.* Chaîne de montagnes dans l'Asie.

dillères[1], et ces montagnes elles-mêmes furent les monuments que Dieu laissa dans les trois mondes pour marquer son triomphe sur les impies, comme un monarque plante un trophée dans le champ où il a défait ses ennemis. Dieu ne se contenta pas de ces attestations générales de sa colère passée : sachant combien l'homme perd aisément la mémoire du malheur, il en multiplia les souvenirs dans sa demeure. Le soleil n'eut plus pour trône au matin, et pour lit au soir, que l'élément humide, où il sembla s'éteindre tous les jours, ainsi qu'au temps du déluge.

Souvent les nuages du ciel imitèrent des vagues amoncelées, des sables ou des écueils blanchissants sur la terre; les rochers laissèrent tomber des cataractes; la lumière de la lune, les vapeurs blanches du soir, couvrirent quelquefois les vallées des apparences d'une nappe d'eau. Il naquit dans les lieux les plus arides des arbres, dont les branches affaissées pendirent pesamment vers la terre, comme si elles sortaient encore toutes trempées du sein des ondes; deux fois par jour la mer reçut ordre de se lever de nouveau dans son lit et d'envahir ses grèves[2]! les antres des montagnes conservèrent de sourds bourdonnements et des voix lugubres; la

---

[1] *Cordillères.* Chaîne de montagnes dans l'Amérique méridionale.

[2] *Grève.* Lieu uni et sablonneux au bord de la mer.

cime des bois présenta l'image d'une mer roulante, et l'Océan sembla avoir laissé ses bruits dans la profondeur des forêts.

---

45. Le Juif.

Quand Jésus-Christ expira, il annonça, du haut de la croix, à l'univers sauvé, ce grand et éternel accomplissement de la loi éternelle : Tout est consommé.

Alors tout fut aussitôt consommé pour le Juif. Un sceau fut mis sur son cœur, sceau qui ne sera brisé qu'à la fin des siècles. Son existence tout entière n'avait été qu'un long prodige! Un nouveau miracle commence, miracle toujours le même, miracle universel, perpétuel, et qui manifestera jusqu'aux derniers jours l'inexorable justice et la sainteté de Dieu, que ce peuple osa renier.

Sans principe de vie apparent, il vivra; rien ne pourra le détruire, ni la captivité, ni le glaive, ni le temps même. Isolé au milieu des nations qui le repoussent, nulle part il ne trouvera un lieu de repos. Une force invincible le presse, l'agite, et ne lui permet pas de se fixer. Il porte en ses mains un flambeau qui éclaire le monde entier, et lui-même est dans les ténèbres. Il attend ce qui est venu; il lit ses prophètes et ne les comprend pas; sa sentence, écrite à chaque page des livres qu'il a l'ordre de garder, fait sa joie. Tel que ces grands criminels dont parle l'antiquité, il a perdu l'intelligence ; le crime a troublé sa raison. Partout opprimé, il est partout ; au mépris, à l'outrage, il oppose une stupide insensibilité ; rien ne le blesse, rien ne l'étonne ; il se sent fait pour le châtiment ; la souffrance et l'ignominie sont devenues sa nature. Sous l'opprobre qui l'écrase, de temps en temps il soulève sa tête, il se tourne vers l'Orient, verse quelques pleurs, non de repentir mais d'obstination ; puis il retombe, et courbé, ce semble, par le poids de son âme, il poursuit en silence, sur une terre où il sera toujours étranger, sa course pénible et vagabonde. Tous les peuples l'ont vu passer ; tous ont été saisis d'horreur à son aspect : il était marqué d'un signe plus terrible que celui de Caïn : sur son front une main de fer avait écrit : Déicide !...

---

46. Les Catacombes à Rome [1].

Une assemblée de chrétiens au temps des persécutions.

En traversant des champs abandonnés, j'aperçus plusieurs personnes qui se glissaient dans l'ombre, et qui, toutes, s'arrêtant au même endroit, dispa-

[1] On appelle catacombes les excavations souterraines dans lesquelles les premiers chrétiens ensevelissaient les martyrs. C'est là aussi qu'ils s'assemblaient pour célébrer les mystères de la religion.

raissaient subitement. Poussé par la curiosité, je m'avance, et j'entre hardiment dans la caverne où s'étaient plongés les mystérieux fantômes. Je vis s'allonger devant moi des galeries souterraines qu'à peine éclairaient de loin quelques lampes suspendues; les murs des corridors funèbres étaient bordés d'un triple rang de cercueils placés les uns au-dessus des autres; la lumière lugubre des lampes, rampant sur les parois des voûtes, et se mouvant avec lenteur le long des sépulcres, répandait une mobilité effrayante sur ces objets éternellement immobiles.

En vain, prêtant une oreille attentive, je cherche à saisir quelques sons pour me diriger à travers un abîme de silence, je n'entends que les battements de mon cœur dans le repos absolu de ces lieux. Je voulus retourner en arrière, mais il n'était plus temps, je pris une fausse route, et, au lieu de sortir du dédale [1], je m'y enfonçai. De nouvelles avenues qui s'ouvrent et se croisent de toutes parts augmentent à chaque instant mes perplexités : plus je m'efforce de trouver un chemin, plus je m'égare; tantôt je m'avance avec lenteur, tantôt je passe avec vitesse; alors par un effet des échos qui répétaient le bruit de mes pas, je croyais entendre marcher précipitamment derrière moi.

Il y avait déjà longtemps que j'errais ainsi, mes

---

[1] *Dédale* ou *labyrinthe*. Lieu où il y a un grand nombre de détours qui rentrent l'un dans l'autre, ce qui fait qu'on s'y égare facilement.

forces commençaient à s'épuiser; je m'assis à un carrefour solitaire de la cité des morts.

Je regardais avec inquiétude la lumière des lampes presque consumée qui menaçait de s'éteindre. Tout à coup, une harmonie semblable au chœur lointain des esprits célestes sort du fond de ces demeures sépulcrales; ces divins accents expiraient et renaissaient tour à tour; ils semblaient s'adoucir encore en s'égarant dans les routes tortueuses du souterrain. Je me lève, et je m'avance vers les lieux d'où s'échappent les magiques concerts; je découvre une salle illuminée. Sur un tombeau paré de fleurs, Marcellin célébrait le mystère des chrétiens; des jeunes filles couvertes de voiles blancs chantaient au pied de l'autel; une nombreuse assemblée assistait au sacrifice : je reconnais les catacombes !

———

47. Prière à bord d'un vaisseau.

Un soir (il faisait un profond calme), nous nous trouvions dans ces belles mers qui baignent les rivages de la Virginie [1]; toutes les voiles étaient pliées; j'étais occupé sous le pont, lorsque j'entendis la cloche qui appelait l'équipage à la prière; je me hâtai d'aller mêler mes vœux à ceux de mes compagnons de voyage. Les officiers étaient sur le château

———

[1] L'un des États de l'Union de l'Amérique du Nord.

de poupe[1], avec les passagers; l'aumônier, un livre à la main, se tenait en avant d'eux, les matelots étaient répandus pêle-mêle sur le tillac[2] : nous étions tous debout, le visage tourné vers la proue[3] du vaisseau qui regardait l'occident.

Le globe du soleil, prêt à se plonger dans les flots, apparaissait entre les cordages du navire au milieu des espaces sans bornes ; on eût dit, par les balancements de la poupe[4], que l'astre radieux changeait à chaque instant d'horizon. Quelques nuages étaient jetés sans ordre dans l'orient, où la lune montait avec lenteur ; le reste du ciel était pur. Vers le nord, formant un gracieux triangle avec l'astre du jour et celui de la nuit, une trombe brillant des couleurs du prisme s'élevait de la mer comme un pilier de cristal supportant la voûte du ciel.

Il eût été bien à plaindre celui qui dans ce spectacle n'eût point reconnu la beauté de Dieu ; des larmes coulèrent malgré moi de mes paupières lorsque mes compagnons, ôtant leurs chapeaux goudronnés, vinrent entonner d'une voix rauque leur simple cantique à Notre-Dame-de-bon-Secours, patronne des mariniers. Qu'elle était touchante la prière

---

[1] *Château de poupe.* Logement élevé sur la poupe, au-dessus du dernier pont.

[2] *Tillac.* Le plus haut pont d'un vaisseau. Tillac est synonyme de pont.

[3] *Proue.* L'avant du vaisseau, opposé à la poupe.

[4] *Poupe.* L'arrière du vaisseau

de ces hommes qui, sur une planche fragile, au milieu de l'Océan, contemplaient le soleil couchant sur
les flots! comme elle allait à l'âme cette invocation
du pauvre matelot à la Mère de douleur! La conscience de notre petitesse à la vue de l'infini, nos
chants s'étendant au loin sur les vagues, la nuit
s'approchant avec ses embûches, la merveille de
notre vaisseau au milieu de tant de merveilles, un
équipage religieux saisi d'admiration et de crainte,
un prêtre auguste en prières, Dieu penché sur l'a-
bîme, d'une main retenant le soleil aux portes de
l'occident, de l'autre élevant la lune dans l'orient et
prêtant à travers l'immensité une oreille attentive à
la voix de sa créature : voilà ce qu'on ne saurait
peindre, et que tout le cœur de l'homme suffit à
peine pour sentir.

---

48. L'Homme.

Tout marque dans l'homme, même à l'extérieur,
sa supériorité sur les êtres vivants; il se soutient
droit et élevé; son attitude est celle du commandement, sa tête regarde le ciel, et présente une face
auguste sur laquelle est imprimé le caractère de sa
dignité; l'image de l'âme y est peinte par la physionomie; l'excellence de sa nature perce à travers les
organes matériels, et anime d'un feu divin les traits
de son visage; son port majestueux, sa démarche
ferme et hardie, annoncent sa noblesse et son rang;

7.

il ne touche à la terre que par ses extrémités les plus éloignées, il ne la voit que de loin, et semble la dédaigner. Les bras ne lui sont pas donnés pour servir de piliers d'appui à la masse de son corps; sa main ne doit pas fouler la terre, et perdre par des frottements réitérés la finesse du toucher dont elle est le principal organe; le bras et la main sont faits pour servir à des ouvrages plus nobles, pour exécuter les ordres de sa volonté, pour saisir les choses éloignées, pour écarter les obstacles, pour prévenir les rencontres et le choc de ce qui pourrait nuire, pour embrasser et retenir ce qui peut plaire, pour le mettre à portée des autres sens.

Lorsque l'âme est tranquille, toutes les parties du visage sont dans un état de repos : leur proportion, leur union, leur ensemble marquent encore assez la douce harmonie des pensées, et répondent au calme de l'intérieur; mais lorsque l'âme est agitée, la face humaine devient un tableau vivant, où les passions sont rendues avec autant de délicatesse que d'énergie, où chaque mouvement de l'âme est exprimé par un trait, chaque action par un caractère dont l'impression vive et prompte devance la volonté, nous décèle, et rend au dehors par des signes pathétiques les images de nos secrètes agitations.

C'est surtout dans les yeux qu'elles se peignent, et qu'on peut les reconnaître. L'œil appartient à l'âme plus qu'aucun autre organe ; il semble y toucher et participer à tous ses mouvements : il en exprime les passions les plus vives et les émotions les plus tumultueuses, comme les mouvements les plus doux et les sentiments les plus délicats ; il les rend dans toute leur force, dans toute leur pureté tels qu'ils viennent de naître ; il les transmet par des traits rapides, qui portent dans une autre âme le feu, l'action, l'image de celle dont ils partent. L'œil reçoit et réfléchit en même temps la lumière de la pensée et la chaleur du sentiment : c'est le sens de l'esprit et la langue de l'intelligence.

---

49. Parabole de deux pères de famille, qui n'avaient que leur travail pour faire vivre leurs petits enfants.

L'un de ces hommes s'inquiétait en lui-même, disant : « Que deviendront-ils si je meurs ? » — L'autre vivait tranquille ; car, disait-il : « Dieu qui connaît toutes les créatures et qui veille sur elles veillera aussi sur ma femme, sur nos enfants et sur moi ! »

Et celui-ci vivait tranquille, et l'autre n'avait jamais ni joie ni paix intérieure.

Un jour, qu'il travaillait aux champs, il vit quelques oiseaux entrer dans un buisson, en sortir, et puis bientôt y revenir encore.

Et s'étant approché il vit deux nids posés côte à côte, et dans chacun plusieurs petits nouvellement éclos et encore sans plumes.

Or, voilà qu'au moment où l'une des mères rentrait avec sa becquée, un vautour la saisit, l'enlève, et la pauvre mère, se débattant vainement contre le vautour, jetait des cris perçants.

A cette vue, l'homme qui travaillait sentit son âme plus troublée qu'auparavant; car, pensait-il, la mort de la mère c'est la mort des enfants! Les miens n'ont que moi non plus; que deviendront-ils si je leur manque?

Le lendemain, de retour aux champs, il s'achemina vers le buisson, et regardant il vit les petits bien portants; pas un ne semblait avoir pâti.

Et ceci l'ayant étonné il se cacha pour voir.

Et après un peu de temps il entendit un léger cri, et il aperçut la seconde mère qui distribuait sa nourriture à tous les petits indistinctement, et il y en eut pour tous, et les orphelins ne furent point délaissés dans leur misère.

Et le père, qui s'était déjà défié de la Providence, raconta à l'autre père ce qu'il avait vu.

Et celui-ci lui répondit : « Pourquoi s'inquiéter? Jamais Dieu n'abandonne les siens : son amour a des secrets que nous ne connaissons point. Croyons, espérons, aimons, et poursuivons notre route en paix.

« Si je meurs avant vous, vous serez le père de mes enfants; si vous mourez avant moi, je serai le père des vôtres.

« Et, si l'un et l'autre, nous mourons avant qu'ils

soient en âge de pourvoir eux-mêmes à leurs nécessités, ils auront pour père le Père qui est dans les cieux. »

—

50. La Providence.

Jetons les yeux sur cette terre qui nous porte ; regardons cette voûte immense des cieux qui nous couvre, ces abîmes d'air et d'eau qui nous environnent, et ces astres qui nous éclairent.

Qui est-ce qui a suspendu ce globe de la terre ? qui est-ce qui en a posé les fondements ? Rien n'est, ce semble, plus vil qu'elle ; les plus malheureux la foulent aux pieds. Mais c'est pourtant pour la posséder qu'on donne les plus grands trésors. Si elle était plus dure, l'homme ne pourrait en ouvrir le sein pour la cultiver ; si elle était moins dure, elle ne pourrait le porter ; il enfoncerait partout comme il enfonce dans le sable ou dans un bourbier. C'est du sein inépuisable de la terre que sort tout ce qu'il y a de plus précieux. Cette masse informe, vile et grossière, prend toutes les formes les plus diverses, et elle seule donne tour à tour tous les biens que nous lui demandons. Cette boue si sale se transforme en mille beaux objets qui charment les yeux ; en une seule année elle devient branche, boutons, feuilles, fleurs, fruits et semences pour renouveler ses libéralités en faveur des hommes. Rien ne l'épuise : plus on déchire ses entrailles, plus elle est libérale. Après tant de siècles, pendant lesquels tout est sorti d'elle, elle n'est point encore usée ; elle ne ressent aucune vieillesse, ses entrailles sont encore pleines des mêmes trésors. Mille générations ont passé dans son sein. Tout vieillit excepté elle seule ; elle rajeunit chaque année au printemps.

La terre, si elle était bien cultivée, nourrirait cent fois plus d'hommes qu'elle n'en nourrit. L'inégalité même des terroirs, qui paraît d'abord un défaut, se tourne en ornement et en utilité. Les montagnes se sont élevées, et les vallons sont descendus en la place que le Seigneur leur a marquée. Ces diverses terres, suivant les divers aspects du soleil, ont leurs avantages : dans ces profondes vallées on voit croître l'herbe fraîche pour nourrir les troupeaux ; auprès d'elles s'ouvrent de vastes campagnes revêtues de riches moissons. Ici des coteaux s'élèvent comme en amphithéâtre, et sont couronnés de vignobles et d'arbres fruitiers ; là de hautes montagnes vont porter leur front glacé jusque dans les nues, et les torrents qui en tombent sont les sources des rivières. Les rochers qui montrent leurs cimes escarpées soutiennent la terre des montagnes comme les os du corps humain soutiennent les chairs. Cette variété fait le charme des paysages, et en même temps elle satisfait aux divers besoins des peuples.

C'est par un effet de la Providence divine que nulle terre ne porte tout ce qui sert à la vie humaine ; car le besoin invite les hommes au commerce pour se donner mutuellement ce qui leur manque, et ce besoin est le lien naturel de la société entre les nations : autrement tous les peuples du monde seraient réduits à une seule sorte d'habits et d'aliments ; rien ne les inviterait à se connaître et à s'entrevoir.

---

51. Le Chien.

Le chien, fidèle à l'homme, conservera toujours une portion de l'empire, un degré de supériorité sur les autres animaux ; il leur commande, il règne lui-même à la tête d'un troupeau, il s'y fait mieux entendre que la voix du berger ; la sûreté, l'ordre et la discipline sont le fruit de sa vigilance et de son activité ; c'est un peuple qui lui est soumis, qu'il conduit, qu'il protége, et contre lequel il n'emploie jamais la force que pour y maintenir la paix. Mais c'est surtout à la guerre, c'est contre les animaux ennemis ou indépendants qu'éclate son courage, et que son intelligence se déploie tout entière : les talents naturels se réunissent ici aux qualités acquises. Dès que le bruit des armes se fait entendre, dès que le son du cor ou la voix du chasseur a donné le signal d'une guerre prochaine, brûlant d'une ardeur nouvelle, le chien marque sa joie par les plus vifs transports ; il annonce par ses mouvements et par ses cris l'impatience de combattre et le désir de vaincre ; marchant ensuite en silence, il cherche à réconnaître le pays, à découvrir, à surprendre l'ennemi dans son fort; il recherche ses traces, il les suit pas à pas, et par des accents différents indique le temps, la distance, l'espèce et même l'âge de celui qu'il poursuit.

Le chien, indépendamment de la beauté de sa forme, de la vivacité, de la force, de la légèreté, a par excellence toutes les qualités intérieures qui peuvent lui attirer les regards de l'homme. Un naturel ardent, colère, même féroce et sanguinaire, rend le chien sauvage redoutable à tous les animaux, et cède dans le chien domestique aux sentiments les plus doux, au plaisir de s'attacher et au désir de plaire : il vient en rampant mettre aux pieds de son maître son courage, sa force, ses talents; il attend ses ordres pour en faire usage, il le consulte, il l'interroge, il le supplie; un coup d'œil suffit, il entend les signes de sa volonté. Sans avoir comme l'homme la lumière de la pensée, il a toute la chaleur du sentiment; il a de plus que lui la fidélité, la constance dans ses affections : nulle ambition, nul intérêt, nul désir de vengeance, nulle crainte que celle de déplaire : il est tout zèle, tout ardeur et tout obéissance. Plus sensible au souvenir des bienfaits qu'à celui des outrages, il ne se rebute pas par les mauvais traitements; il les subit, les oublie, et ne s'en souvient que pour s'attacher davantage. Loin de s'irriter ou de fuir, il s'expose lui-même à de nouvelles épreuves; il lèche cette main, instrument de douleur, qui vient de le frapper ; il ne lui oppose que la plainte et la désarme enfin par la patience et la soumission.

---

52. Le Cheval.

La plus noble conquête que l'homme ait jamais faite est celle de ce fier et fougueux animal, qui partage avec lui les fatigues de la guerre et la gloire des combats. Aussi intrépide que son maître, le cheval voit le péril et l'affronte ; il se fait au bruit des armes, il l'aime, il le cherche, et s'anime de la même ardeur ; il partage aussi ses plaisirs à la chasse, aux tournois [1], à la course ; il brille, il étincelle ; mais, docile autant que courageux, il ne se laisse point emporter à son feu, il sait réprimer ses mouvements ; non-seulement il fléchit sous la main de celui qui le guide, mais il semble consulter ses désirs, et, obéissant toujours aux impressions qu'il en reçoit, il se précipite, se modère ou s'arrête, et n'agit que pour y satisfaire. C'est une créature qui renonce à son être pour n'exister que par la volonté d'un autre ; qui sait même la prévenir ; qui, par la promptitude et la précision de ses mouvements, l'exprime et l'exécute ; qui sent autant qu'on le désire, et ne rend qu'autant qu'on veut ; qui, se livrant

---

[1] *Tournoi*. Fête militaire où l'on s'exerçait à divers combats, soit à pied, soit à cheval.

sans réserve, ne se refuse à rien, sert de toutes ses forces, s'excède, et même meurt pour mieux obéir.

---

53. L'Ane.

L'âne est de son naturel aussi humble, aussi patient, aussi tranquille que le cheval est fier, ardent, impétueux ; il souffre avec constance, et peut-être avec courage, les châtiments et les coups ; il est sobre et sur la quantité et sur la qualité de la nourriture ; il se contente des herbes les plus dures, les plus désagréables, que le cheval et les autres animaux lui laissent et dédaignent ; il est fort délicat sur l'eau, il ne veut boire que de la plus claire aux ruisseaux qui lui sont connus ; il boit aussi sobrement qu'il mange, et n'enfonce point du tout son nez dans l'eau par la peur que lui fait, dit-on, l'ombre de ses oreilles. Comme l'on ne prend pas la peine de l'étriller, il se roule souvent sur le gazon, sur les chardons, sur la fougère · et, sans se soucier beaucoup de ce qu'on lui fait porter, il se couche pour se rouler toutes les fois qu'il le peut, et semble par là reprocher à son maître le peu de soin qu'on prend de lui ; car il ne se vautre pas, comme le cheval, dans la fange et dans l'eau ; il craint même de se mouiller les pieds, et se détourne pour éviter la boue ; aussi a-t-il la jambe plus sèche et plus nette que le cheval. Il est susceptible d'éducation, et l'on en a vu d'assez bien dressés pour faire curiosité de spectacle.

Dans la première jeunesse il est gai et même assez joli ; il a de la légèreté et de la gentillesse ; mais il la perd bientôt soit par l'âge, soit par les mauvais traitements, et il devient lent, indocile et têtu... Il s'attache cependant à son maître, quoiqu'il en soit ordinairement maltraité ; il le sent de loin, et le distingue de tous les autres hommes ; il reconnaît aussi les lieux qu'il a coutume d'habiter, les chemins qu'il a fréquentés : il a les yeux bons, l'odorat admirable, l'oreille excellente, ce qui a encore contribué à le faire mettre au nombre des animaux timides, qui ont tous, à ce qu'on prétend, l'ouïe très-fine et les oreilles longues. Lorsqu'on le surcharge il le marque en inclinant la tête et baissant les oreilles ; lorsqu'on le tourmente trop, il ouvre la bouche, et retire les lèvres d'une manière très-désagréable, ce qui lui donne l'air moqueur et dérisoire ; si on lui couvre les yeux, il reste immobile ; et lorsqu'il est couché sur le côté, si on lui place la tête de manière que l'œil soit appuyé sur la terre, et qu'on couvre l'autre œil avec une pierre ou un morceau de bois, il restera dans cette situation sans faire aucun mouvement et sans se secouer pour se relever. Il marche, il trotte et il galope comme le cheval ; mais tous ses mouvements sont petits et beaucoup plus lents. Quoiqu'il puisse d'abord courir avec assez de vitesse, il ne peut fournir qu'une petite carrière pendant un petit espace de temps, et quelque allure qu'il prenne, si on le presse, il est bientôt rendu.

---

54. La Chèvre et la Brebis.

La chèvre a de sa nature plus de sentiment et de ressource que la brebis; elle vient à l'homme volontiers, elle se familiarise aisément, elle est sensible aux caresses et capable d'attachement; elle est aussi plus forte, plus légère, plus agile et moins timide que la brebis; elle est vive, capricieuse et vagabonde. Ce n'est qu'avec peine qu'on la conduit et qu'on peut la réduire en troupeau : elle aime à s'écarter dans les solitudes, à grimper sur les lieux escarpés, à se placer et même à dormir sur la pointe des rochers et sur le bord des précipices; elle est robuste, aisée à nourrir, presque toutes les herbes lui sont bonnes, et il y en a peu qui l'incommodent. Le tempérament, qui dans tous les animaux influe beaucoup sur le naturel, ne paraît cependant pas dans la chèvre différer essentiellement de celui de la brebis. Ces deux espèces d'animaux, dont l'organisation intérieure est presque entièrement semblable, se nourrissent, croissent et se multiplient de la même manière, et se ressemblent encore par le caractère des maladies, qui sont les mêmes, à l'exception de quelques-unes auxquelles la chèvre n'est pas sujette; elle ne craint pas, comme la brebis, la trop grande chaleur; elle dort au soleil et s'expose volontiers à ses rayons les plus vifs sans en être incommodée, et sans que cette ardeur lui cause ni étourdissement ni vertiges; elle ne s'effraye point des orages, ne s'impatiente pas à la pluie; mais elle paraît sensible à la rigueur du froid. Les mouvements extérieurs, lesquels, comme nous l'avons dit, dépendent beaucoup moins de la conformation du corps que de la force et de la variété des sensations relatives à l'appétit et aux désirs, sont par cette raison beaucoup plus vifs dans la chèvre que dans la brebis. L'inconstance de son naturel se marque par l'irrégularité de ses actions: elle marche, elle s'arrête, elle court, elle bondit, elle saute, s'approche, s'éloigne, se montre, se cache ou fuit comme par caprice et sans autre cause déterminante que la vivacité bizarre de son sentiment intérieur; et toute la souplesse des organes, tous les nerfs du corps suffisent à peine à la pétulance et à la rapidité de ces mouvements, qui lui sont naturels.

---

55. L'Écureuil.

L'écureuil est un joli petit animal qui n'est qu'à demi sauvage, et qui, par sa gentillesse, par sa docilité, par l'innocence de ses mœurs, mériterait d'être épargné: il n'est ni carnassier, ni nuisible, quoiqu'il saisisse quelquefois des oiseaux; sa nourriture ordinaire sont des fruits, des amandes, des noisettes, de la faîne et du gland ; il est propre, leste, vif, très-alerte, très-éveillé, très-industrieux ; il a les yeux pleins de feu, la physionomie fine, le corps nerveux, les membres très-dispos ; sa jolie figure est encore rehaussée, parée par une belle queue en forme de panache, qu'il relève jusqu'à sa tête, et sous laquelle il se met à l'ombre ; il est pour ainsi dire moins quadrupède que les autres ; il se tient ordinairement assis presque debout, et se sert de ses pieds de devant, comme d'une main, pour porter à sa bouche. Au lieu de se cacher sous terre, il est toujours en l'air ; il approche des oiseaux par sa légèreté, il demeure comme eux sur la cime des arbres, parcourt les forêts en sautant de l'un à l'autre, y fait son nid, cueille des graines, boit la rosée, et ne descend à terre que quand les arbres sont agités par la violence des vents. On ne le trouve point dans les champs, dans les lieux découverts, dans les pays de plaine ; il n'approche jamais des habitations, il ne reste point dans les taillis, mais dans les bois de hauteur, sur les vieux arbres des plus belles futaies[1] ; il craint l'eau plus encore que la terre, et on assure que lorsqu'il faut la passer, il se sert d'une écorce pour bateau, et de sa queue pour voile et pour gouvernail. Il ne s'engourdit pas comme le loir[2] durant l'hiver, il est en tout temps

[1] *Futaie.* Bois, forêt composée de grands arbres.

[2] *Loir.* Petit animal ressemblant à un rat, à queue velue, et qui dort tout l'hiver.

très-éveillé, et pour peu qu'on touche au pied de l'arbre sur lequel il repose, il sort de sa petite bauge [1], fuit sur un autre arbre, ou se cache à l'abri d'une branche. Il ramasse des noisettes pendant l'été, en remplit les troncs, les fentes d'un vieil arbre, et a recours en hiver à sa provision ; il les cherche aussi sous la neige, qu'il détourne en grattant. Il a la voix éclatante et plus perçante encore que celle de la fouine [2]; il a de plus un murmure à bouche fermée, un petit grognement de mécontentement qu'il fait entendre toutes les fois qu'on l'irrite ; il est trop léger pour marcher, il va ordinairement par petits sauts et quelquefois par bonds ; il a les ongles si pointus et les mouvements si prompts qu'il grimpe en un instant sur un hêtre dont l'écorce est fort lisse.

---

56. Nids des oiseaux.

Une admirable providence se fait remarquer dans les nids des oiseaux. On ne peut contempler sans être attendri de cette bonté divine, qui donne l'industrie au faible et la prévoyance à l'insouciant.

Aussitôt que les arbres ont développé leurs fleurs,

[1] *Bauge.* Lieu où il couche.

[2] *Fouine.* Animal carnassier de la grosseur d'un chat. Il étrangle les petits oiseaux, les poulets, etc.

mille ouvriers commencent leurs travaux. Ceux-ci portent de longues pailles dans le trou d'un vieux mur, ceux-là maçonnent des bâtiments aux fenêtres d'une église; d'autres cherchent un crin à une cavale, ou le brin de laine que la brebis a laissé suspendu à la ronce. Il y a des bûcherons qui croisent des branches dans la cime d'un arbre; il y a des filandières qui recueillent la soie sur un chardon. Mille palais s'élèvent, et chaque palais est un nid, chaque nid voit des métamorphoses[1] charmantes : un œuf brillant, ensuite un petit couvert de duvet. Ce nourrisson prend des plumes, sa mère lui apprend à se soulever sur sa couche. Bientôt il va jusqu'à se pencher sur son berceau, d'où il jette un premier coup d'œil sur la nature; effrayé et ravi il se précipite parmi ses frères qui n'ont point encore vu ce spectacle; mais rappelé par la voix de ses parents, il sort une seconde fois de sa couche, et ce jeune roi des airs, qui porte encore la couronne de l'enfance autour de sa tête, ose déjà contempler le vaste ciel, la cime ondoyante des pins et les abîmes de verdure au-dessous du chêne paternel. Et pourtant, tandis que les forêts se réjouissent en recevant leur nouvel hôte, un vieil oiseau qui se sent abandonné de ses ailes vient s'abattre auprès d'un courant d'eau : là, résigné et solitaire, il attend tranquillement la mort au bord du même fleuve où il chanta ses plaisirs,

---

[1] *Métamorphose.* Changement d'une forme en une autre.

et dont les arbres portent encore son nid, et sa postérité[1] harmonieuse.

———

57. Le Lion et le Tigre.

Dans la classe des animaux carnassiers, le lion est le premier, le tigre est le second ; et comme le premier, même dans un mauvais genre, est toujours le plus grand et souvent le meilleur, le second est ordinairement le plus méchant de tous. A la fierté, au courage, à la force, le lion joint la noblesse, la clémence, la magnanimité ; tandis que le tigre est bassement féroce, cruel sans justice, c'est-à-dire sans nécessité. Il en est de même dans tout ordre de choses où les rangs sont donnés par la force : le premier qui peut tout est moins tyran que l'autre, qui, ne pouvant jouir de la puissance plénière, s'en venge en abusant du pouvoir qu'il a pu s'arroger. Aussi le tigre est-il plus à craindre que le lion : celui-ci souvent oublie qu'il est le roi, c'est-à-dire le plus fort de tous les animaux. Marchant d'un pas tranquille, il n'attaque jamais l'homme à moins qu'il ne soit provoqué ; il ne précipite ses pas, il ne court, il ne chasse que quand la faim le presse. Le tigre, au contraire, quoique rassasié de chair, semble toujours être altéré de sang, sa fureur n'a d'autres intervalles

[1] Les oiseaux nés de lui.

que ceux du temps qu'il faut pour dresser des embûches; il saisit et déchire une nouvelle proie avec
la même rage qu'il vient d'exercer, et non pas d'as-
souvir, en dévorant la première; il désole le pays
qu'il habite; il ne craint ni l'aspect ni les armes de
l'homme ; il égorge, il dévaste les troupeaux d'animaux domestiques, met à mort toutes les bêtes sauvages, attaque les petits éléphants, les jeunes rhino-
céros, et quelquefois même ose braver le lion.

La forme du corps est ordinairement d'accord
avec le naturel. Le lion a l'air noble; la hauteur de
ses jambes est proportionnée à la longueur de son
corps ; l'épaisse et grande crinière qui couvre ses
épaules et ombrage sa face, son regard assuré, sa
démarche grave, tout semble annoncer sa fière et
majestueuse intrépidité. Le tigre, trop long de corps,
trop bas sur ses jambes, la tête nue, les yeux hagards,
la langue couleur de sang toujours hors de la gueule,
n'a que les caractères de la basse méchanceté et de
l'insatiable cruauté; il n'a pour tout instinct qu'une
rage constante, une fureur aveugle, qui ne connaît,
qui ne distingue rien, et qui lui fait souvent dévorer
ses propres enfants et déchirer leur mère lorsqu'elle
veut les défendre. Que ne l'eût-il à l'excès cette soif
de son sang! ne pût-il l'éteindre qu'en détruisant,
dès leur naissance, la race entière des monstres qu'il
produit!

---

58. Les Cèdres du Liban.

Les cèdres [1] du Liban [2] sont situés dans une espèce de vallon entouré de hautes montagnes au sud, à l'est et au nord; ils couvrent trois monticules ou mamelons de terrain. Les cèdres, dont l'antiquité et les troncs énormes ont excité l'étonnement des voyageurs, s'élèvent à côté d'autres cèdres plus petits et de dimensions inégales, formant un bois d'environ un mille [3] d'étendue. J'ai compté quinze cèdres dont les troncs sont d'une grosseur remarquable : les plus forts présentent une circonférence de trente à quarante pieds. Autrefois chacun des principaux villages maronites possédait un gros cèdre; et tous les ans, le jour de la fête de *la Transfiguration*, les habitants allaient y célébrer les saints mystères sur des autels de pierre dressés autour des arbres antiques. Ces promenades religieuses étant devenues l'occasion de quelques désordres, le patriarche du Liban les a interdites. Aujourd'hui trois cèdres seulement conservent des autels consistant en pierres entassées les unes sur les autres. En défendant les promenades religieuses qui partaient de tous les coins du Liban, le patriarche a permis que la messe continuât à se

[1] *Cèdre.* Arbre qui atteint une grande hauteur. Son bois est odoriférant, et on le dit incorruptible.

[2] *Liban.* Chaîne de montagnes dans la Syrie.

[3] *Mille.* Une lieue environ.

célébrer chaque année, le jour de *la Transfiguration*, sur les trois autels encore debout. La religion s'est faite la gardienne des vieux cèdres du Liban; les Maronites [1] croient que le téméraire qui essayerait d'abattre un de ces arbres, ou de trancher quelques-unes de leurs branches, serait aussitôt frappé de mort; dans leur opinion, ces arbres sont sacrés comme l'arche du Seigneur. Malheur à qui oserait y toucher!

C'est du lieu dont il est ici question que furent tirés, selon plusieurs auteurs, les cèdres qui servirent à la construction du temple de Salomon. Je ne crois pas qu'il soit utile de chercher à prouver ou à combattre ces sortes de traditions; pour ma part, j'aime mieux embrasser et admirer ces vénérables débris de l'ancien monde que de disserter sur le temps passé. Les quinze cèdres, nobles et belles ruines du vieux Liban, parlaient à mon cœur comme une page de la Bible à mon esprit, comme les ruines de Balbek [2]; je les écoutais comme des témoins qui avaient vu la gloire de Tyr [3] et les merveilles du

[1] Les *Maronites* habitent les montagnes du Liban, et ont pris, dit-on, leur nom de *Jean Maron*, moine qui vivait au septième siècle.

[2] *Balbek*. Dans la Syrie; cette ville, l'ancienne *Héliopolis*, est fameuse par de belles ruines.

[3] *Tyr*, capitale de la Phénicie, fut dans l'antiquité une des villes les plus florissantes du monde. On l'appelait la reine des mers. Aujourd'hui ce n'est qu'une petite ville appelée *Sour* par les Orientaux.

peuple hébreu. Quelle poétique et divine chose que les vieux cèdres du Liban, quand leurs larges rameaux, dont les feuilles regardent le ciel, se balancent majestueusement sous le vent; quand l'aigle, précipitant son vol du haut de la montagne voisine où son aire est suspendue, s'abat sur le front de l'arbre-roi; quand le sanglier et l'hyène, hôtes accoutumés du vallon, passent et repassent autour de ces troncs qui leur sont connus; quand des mille rameaux de tous les cèdres s'échappent des harmonies que l'imagination prend tour à tour pour des cantiques de gloire et de désolation, d'allégresse et de douleur, pour les chants qui ont résonné jadis sur les harpes des rois et des prophètes d'Israël!

***

59. La cataracte de Niagara.

(Dans le Canada, Amérique septentrionale.)

Nous arrivâmes bientôt au bord de la cataracte, qui s'annonçait par d'affreux mugissements. Elle est formée par la rivière de Niagara, qui sort du lac Érié et se jette dans le lac Ontario; sa hauteur perpendiculaire est de cent quarante-quatre pieds. Depuis le lac Érié jusqu'au saut, le fleuve accourt par une pente rapide, et, au moment de la chute, c'est moins un fleuve qu'une mer dont les torrents se pressent à la bouche béante du gouffre. La cataracte se divise en deux branches, et se courbe en fer à cheval; entre les deux chutes s'avance une île creusée en dessous, qui pend, avec tous ses arbres, sur le chaos des ondes. La masse du fleuve, qui se précipite au midi, s'arrondit en un vaste cylindre, puis se déroule en une nappe de neige, et brille au soleil de toutes les couleurs; celle qui tombe au levant descend dans une ombre effrayante; on dirait une colonne d'eau du déluge; mille arcs-en-ciel se courbent et se croisent sur l'abîme. Frappant le roc ébranlé, l'eau rejaillit en tourbillons d'écume, qui s'élèvent au-dessus des forêts comme les fumées d'un vaste embrasement. Des pins, des noyers sauvages, des rochers taillés en forme de fantômes décorent la scène; des aigles, entraînés par le courant d'air, descendent en tournoyant jusqu'au fond du gouffre; et des carcajoux [1] se suspendent par leurs queues flexibles au bout d'une branche abaissée, pour saisir dans l'abîme les cadavres brisés des élans [2] et des ours.

---

60. L'Orage.

L'horizon se chargeait au loin de vapeurs ardentes et sombres, le soleil commençait à pâlir, la

[1] Animal carnassier, variété de l'espèce blaireau. On fait de sa peau une fourrure très-estimée.

[2] *Élan.* Cet animal ressemble au cerf. On le trouve dans les pays septentrionaux.

surface des eaux, unie et sans mouvement, se couvrait de couleurs lugubres dont les teintes variaient sans cesse. Déjà le ciel, tendu et fermé de toutes parts, n'offrait à nos yeux qu'une voûte ténébreuse que la flamme pénétrait, et qui s'appesantissait sur la terre. Toute la nature était dans le silence, dans l'attente, dans un état d'inquiétude qui se communiquait jusqu'au fond de nos âmes. Nous cherchâmes un asile dans le vestibule du temple, et bientôt nous vîmes la foudre briser à coups redoublés cette barrière de ténèbres et de feu suspendue sur nos têtes, des nuages épais rouler par masses dans les airs et tomber en torrents sur la terre, les vents déchaînés fondre sur la mer et la bouleverser dans ses abîmes. Tout grondait, le tonnerre, les vents, les flots, les antres, les montagnes; et de tous ces bruits réunis il se formait un bruit épouvantable qui semblait annoncer la dissolution de l'univers. L'aquilon [1] ayant redoublé ses efforts, l'orage alla porter ses fureurs dans les climats brûlants de l'Afrique; nous le suivîmes des yeux, nous l'entendîmes mugir dans le lointain; le ciel brilla d'une clarté plus pure, et cette mer, dont les vagues écumantes s'étaient élevées jusqu'aux cieux, traînait à peine ses flots jusque sur le rivage.

---

[1] Vent du nord. On n'emploie ce mot que dans le style poétique.

61. Une Trombe en mer.

Nous étions à cent lieues environ de Saint-Domingue [1]; depuis que nous avions quitté les côtes de France, aucun événement n'avait marqué notre navigation. La brise, qui se faisait à peine sentir le matin, et qui nous avait obligés de mettre toutes voiles dehors, commençait à fraîchir; bientôt, et presque sans transition, le vent s'éleva, devint impétueux, et notre brick [2] fendit les eaux avec une effrayante rapidité...

Quoique le vent se fût si subitement élevé, le temps était beau, la voûte du ciel était d'un bleu d'azur; au couchant, l'horizon, enflammé alors par le soleil, qui descendait majestueusement dans la mer, avait l'aspect d'un vaste incendie; la surface des eaux, resplendissante de lumière, ressemblait à un lac sans bornes de matières en fusion; et si par hasard quelque oiseau de mer venait à passer dans cette partie du ciel, nos yeux, qui ne le suivaient qu'avec peine, nous le montraient comme ces flammèches noires de papier brûlé que leur légèreté élève au-dessus des flammes. L'Océan, éclairé par les rayons du soir, ressemblait à un immense tapis de bronze que labourait rudement le navire; nous gouvernions droit sur le soleil. Un spectateur, placé

---

[1] *Saint-Domingue* ou *Haïti*. Grande île de l'archipel des Antilles.
[2] Bâtiment à deux mâts.

à distance, eût pu croire sans doute que nous allions être réduits en cendres en atteignant ce foyer enflammé, comme le moucheron qui voltige vers la bougie, et vient y brûler ses ailes ; et ce qui complétait cette scène merveilleuse et magique, c'est que l'ombre allongée du navire avec ses agrès, que la mobilité des flots variait, modifiait de la manière la plus fantastique, représentait notre brick comme le géant de la navigation.

. . . .

Tout à coup de grosses lames blanches, tourbillonnantes, écumeuses, et que les rayons enflammés du soleil rendaient éblouissantes, vinrent frapper la proue de notre brick, qui nageait alors au milieu des flots d'écume.

Cependant le bouillonnement de l'eau, s'étendant d'une manière circulaire, avait atteint déjà cent toises de diamètre environ ; on eût dit, à voir ce roulement des ondes, que la mer était agitée par quelque convulsion intérieure. Bientôt l'eau s'éleva comme une petite colline, et marcha devant nous, se gonflant à mesure qu'elle avançait, avec un bruit, un mugissement dont je ne pouvais deviner la cause, mais qui n'avait rien de bien effrayant. Peu à peu, et du milieu de cette montagne liquide, je vis naître, surgir, s'élever une colonne qui monta en tourbillonnant, sifflant, s'allongeant toujours et touchant presque de sa tête aux nuages. C'était alors un spectacle admirable et sublime que ce pilier de cristal

entre la terre et le ciel ; les reflets du soleil l'avaient
coloré de leurs mille nuances, et les couleurs de
l'arc-en-ciel, qui s'y réunissaient comme dans un
prisme, éclairaient le cône d'une lumière vive,
pourprée, chatoyante, tandis que l'ombre refoulée
vers sa base la faisait paraître sur un socle d'airain
supporté par des flocons de neige.

« Une trombe ! une trombe ! » s'écrièrent en même
temps officiers et matelots.

A ces mots, j'éprouvai un moment de terreur
involontaire : c'était la première fois que je voyais ce
phénomène qui, dans des descriptions mensongères,
ou tout au moins exagérées, que j'en avais lues,
m'avait été dépeint comme très-dangereux. Je m'é-
tais fait de cet accident de la mer une idée des plus
terribles : il me semblait que nous dussions bientôt
être engloutis sous cette masse d'eau; mais l'expression calme des visages me rassura. Cependant
le silence de l'admiration, et non celui de la terreur,
régnait parmi les matelots, et toutes les précautions
se bornaient à manœuvrer pour éviter la rencontre
de la trombe.

Après avoir admiré pendant quelques instants
cette scène vraiment magique, le capitaine cria :

« Mettez au sabord[1], et chargez la caronade[2] de

---

[1] *Sabord*. Embrasure faite dans le côté d'un vaisseau pour placer un canon.

[2] *Caronade*. Grosse pièce d'artillerie.

l'avant! » Et quand cet ordre eut été exécuté :
« Lofe[1], timonier[2], lofe un peu… bien… gouverne
comme cela. Attention devant!… feu! »

Le coup partit, retentit au-dessus de l'abîme, et
le boulet coupant la colonne par sa base, elle trem-
bla, chancela un instant, puis tomba tout à coup
semblable à une immense avalanche.

Quelques secondes après, l'Océan ne laissait plus
aucune trace de ce phénomène extraordinaire.

———

62. L'Ouragan dans le désert.

Figurez-vous des plages sablonneuses, labourées
par les pluies de l'hiver, brûlées par les feux de
l'été, d'un aspect rougeâtre et d'une nudité affreuse.
Quelquefois seulement, des nopals[3] épineux couvrent
une petite partie de l'arène sans bornes; le vent traverse ces forêts armées sans pouvoir courber leurs
inflexibles rameaux; çà et là des débris de vaisseaux
pétrifiés étonnent les regards, et des monceaux de
pierres élevés de loin en loin servent à marquer le
chemin aux caravanes[4].

[1] *Lofer*. Présenter le navire dans la ligne d'où vient le vent.

[2] *Timonier*. Matelot qui gouverne le timon du gouvernail sous
les ordres du pilote.

[3] *Nopal*. Arbrisseau qu'on trouve en Afrique, en Asie et en
Amérique.

[4] *Caravane*. Troupe de marchands ou de pèlcrins qui voyagent
ensemble pour se défendre contre les voleurs.

Nous marchâmes tout un jour dans cette plaine; nous franchîmes une autre chaîne de montagnes, et nous découvrîmes une seconde plaine plus vaste et plus désolée que la première.

La nuit vint. La lune éclairait le désert vide : on n'apercevait, sur une solitude sans bornes, que l'ombre immobile de notre dromadaire[1] et l'ombre errante de quelques troupeaux de gazelles[2]. Le silence n'était interrompu que par le bruit des sangliers qui broyaient des racines flétries, ou par le chant du grillon qui demandait en vain, dans ce sable inculte, le foyer du laboureur.

Nous reprîmes notre route avant le retour de la lumière. Le soleil se leva dépouillé de ses rayons et semblable à une meule de fer rougie. La chaleur augmentait à chaque instant. Vers la troisième heure du jour, le dromadaire commença à donner des signes d'inquiétude : il enfonçait ses naseaux dans le sable, et soufflait avec violence. Par intervalle, l'autruche[3] poussait des sons lugubres; les

---

[1] *Dromadaire.* Chameau à une bosse. Il est commun en Arabie et dans tout le nord de l'Afrique.

[2] *Gazelle.* Animal du genre *antilope;* ses cornes ont la forme d'une lyre. La gazelle est remarquable par l'extrême rapidité de sa course, l'élégance et la beauté de ses formes.

[3] *Autruche.* Grand oiseau qui a les jambes et le cou fort longs, et les ailes fort courtes. Il vit en grandes troupes dans les déserts sablonneux de l'Afrique. On en trouve en Amérique, mais d'une espèce bien plus petite.

serpents et les caméléons[1] se hâtaient de rentrer dans le sein de la terre. Je vis le guide regarder le ciel et pâlir; je lui demandai la cause de son trouble.

« Je crains, dit-il, le vent du midi : sauvons-nous! » Tournant le visage au nord, il se mit à fuir de toute la vitesse de son dromadaire. Je le suivis; l'horrible vent qui nous menaçait était plus léger que nous.

Soudain, de l'extrémité du désert accourt un tourbillon : le sol, emporté devant nous, manque à nos pas, tandis que d'autres colonnes de sable, enlevées derrière nous, roulent sur nos têtes. Égaré dans un labyrinthe de tertres mouvants et semblables entre eux, le guide déclare qu'il ne reconnaît plus sa route; pour dernière calamité, dans la rapidité de notre course, nos outres remplies d'eau s'écoulent. Haletants, dévorés d'une soif ardente, retenant fortement notre haleine dans la crainte d'aspirer des flammes, la sueur ruisselle à grands flots de nos membres abattus. L'ouragan redouble de rage; il creuse jusqu'aux antiques fondements de la terre, et répand dans le ciel les entrailles brûlantes du désert. Enseveli dans une atmosphère de sable embrasé, le guide échappe à ma vue. Tout à coup j'entends son cri, je vole à sa voix : l'infortuné, foudroyé par le

---

[1] *Caméléon.* Petit animal semblable au lézard, qui prend la couleur des objets dont il approche.

vent de feu, était tombé mort sur l'arène, et son dromadaire avait disparu.

En vain j'essayai de ranimer mon malheureux compagnon; mes efforts furent inutiles. Je m'assis à quelque distance, tenant mon cheval en main, et n'espérant plus que dans celui qui changea les feux de la fournaise d'Azarias[1] en un vent frais et une douce rosée. Un acacia[2] qui croissait dans ce lieu me servit d'abri. Derrière ce frêle rempart j'attendis la fin de la tempête. Vers le soir, le vent du nord reprit son cours; l'air perdit sa chaleur cuisante, les sables tombèrent du ciel et me laissèrent voir les étoiles, inutiles flambeaux qui me montrèrent seulement l'immensité du désert.

---

63. Éruption du Vésuve[3].

Le feu du torrent est d'une couleur funèbre; néanmoins, quand il brûle les vignes ou les arbres, on en voit sortir une flamme claire et brillante; mais la lave même est sombre, telle qu'on se représente un fleuve de l'enfer; elle roule lentement comme un sable noir de jour et rouge de nuit. On

---

[1] Azarias, ayant refusé d'adorer la statue de Nabuchodonosor, fut jeté dans une fournaise ardente; mais Dieu, pour récompenser sa fermeté, le préserva des flammes. (Voir l'*Histoire sainte.*)

[2] *Acacia.* Arbre épineux et portant des fleurs en grappes.

[3] Volcan près de Naples.

entend, quand elle approche, un petit bruit d'étin-
celles, qui fait d'autant plus de peur, qu'il est léger,
et que la ruse semble se joindre à la force : le tigre
royal arrive lentement, secrètement, à pas comptés.
Cette lave avance, avance, sans jamais se hâter et
sans perdre un instant ; si elle rencontre un mur
élevé, un édifice quelconque qui s'oppose à son
passage, elle s'arrête, elle amoncelle devant l'ob-
stacle ses torrents noirs et bitumineux, et l'ensevelit
enfin sous ses vagues brûlantes. Sa marche n'est pas
assez rapide pour que les hommes ne puissent pas
fuir devant elle ; mais elle atteint, comme le Temps,
les imprudents et les vieillards qui, la voyant venir
lourdement et silencieusement, s'imaginent qu'il est
aisé de lui échapper. Son éclat est si ardent, que,
pour la première fois, la terre se réfléchit dans le
ciel, et lui donne l'apparence d'un éclair continuel ;
ce ciel, à son tour, se reflète dans la mer, et la
nature est embrasée par cette triple image de feu.

Le vent se fait entendre et se fait voir par des
tourbillons de flammes dans les gouffres d'où sort
la lave. On a peur de ce qui se passe au sein de la
terre, et l'on sent que d'étranges fureurs la font
trembler sous nos pas. Les rochers qui entourent la
source de la lave sont couverts de soufre, de bitume,
dont les couleurs ont quelque chose d'infernal. Un
vert livide, un jaune brun, un rouge sombre forment
comme une dissonance pour les yeux et tourmentent
la vue.

64. Une nuit dans les déserts de l'Amérique.

Une heure après le coucher du soleil, la lune se montra au-dessus des arbres à l'horizon opposé. Une brise embaumée, qu'elle amenait de l'orient avec elle, semblait la précéder dans les forêts comme sa fraîche haleine. La reine des nuits monta peu à peu dans le ciel : tantôt elle suivait paisiblement sa course azurée, tantôt elle reposait sur des groupes de nues qui ressemblaient à la cime de hautes montagnes couronnées de neige. Ces nues, ployant et déployant leurs voiles, se déroulaient en zones diaphanes de satin blanc, se dispersaient en légers flocons d'écume, ou formaient dans les cieux des bancs d'une ouate éblouissante, si doux à l'œil, qu'on croyait ressentir leur mollesse et leur élasticité.

La scène sur la terre n'était pas moins ravissante : le jour bleuâtre et velouté de la lune descendait dans les intervalles des arbres, et poussait des gerbes de lumière jusque dans l'épaisseur des plus profondes ténèbres. La rivière qui coulait à mes pieds, tour à tour se perdait dans les bois, tour à tour reparaissait toute brillante des constellations[1] de la nuit, qu'elle répétait dans son sein. Dans une vaste prairie, de l'autre côté de cette rivière, la

[1] *Constellation.* Réunion de plusieurs étoiles.

clarté de la lune dormait sans mouvement sur les gazons. Des bouleaux agités par les brises, et dispersés çà et là dans la savane [1], formaient des îles d'ombres flottantes sur une mer immobile de lumière. Auprès, tout était silence et repos, hors la chute de quelques feuilles, le passage brusque d'un vent subit, les gémissements rares et interrompus de la hulotte [2]; mais au loin, par intervalle, on entendait les roulements solennels de la cataracte de Niagara [3], qui dans le calme de la nuit se prolongeaient de désert en désert, et expiraient à travers les forêts solitaires.

La grandeur, l'étonnante mélancolie de ce tableau, ne sauraient s'exprimer dans des langues humaines; les plus belles nuits en Europe ne peuvent en donner une idée. En vain, dans nos champs cultivés, l'imagination cherche à s'étendre; elle rencontre de toutes parts les habitations des hommes; mais dans ces pays déserts l'âme se plaît à s'enfoncer dans un océan de forêts, à errer aux bords des lacs immenses, à planer sur le gouffre des cataractes, et pour ainsi dire, à se trouver seule devant Dieu.

[1] *Savane.* On appelle ainsi, en Amérique, d'immenses solitudes couvertes de forêts d'arbres résineux, de prairies ou de marais.

[2] *Hulotte.* Oiseau nocturne.

[3] Voyez la description de la cataracte de Niagara, à la page 137.

85. Une nuit d'été à Saint-Pétersbourg [1].

Rien n'est plus rare, mais rien n'est plus enchanteur qu'une belle nuit d'été à Saint-Pétersbourg, soit que la longueur de l'hiver et la rareté de ces nuits leur donnent, en les rendant plus désirables, un charme particulier, soit que réellement, comme je le crois, elles soient plus douces et plus calmes que dans les plus beaux climats.

Le soleil, qui dans les zones tempérées se précipite à l'occident, et ne laisse après lui qu'un crépuscule fugitif, rase ici lentement une terre dont il semble se détacher à regret. Son disque, environné de vapeurs rougeâtres, roule comme un char enflammé sur les sombres forêts qui couronnent l'horizon, et ses rayons, réfléchis par le vitrage des palais, donnent au spectateur l'idée d'un vaste incendie.

Les grands fleuves ont ordinairement un lit profond et des bords escarpés qui leur donnent un aspect sauvage. La Néva [2] coule à pleins bords au sein d'une cité magnifique ; ses eaux limpides touchent le gazon des îles qu'elle embrasse, et, dans toute l'étendue de la ville, elle est contenue par deux quais

---

[1] Cette ville, capitale de l'empire russe, est une des plus belles du monde. Elle fut fondée en 1703, par Pierre le Grand, au milieu des marais traversés par la Néva.

[2] *Néva*. Fleuve qui se jette dans le golfe de Finlande.

de granit alignés à perte de vue, espèce de magnificence répétée dans les trois grands canaux qui parcourent la capitale, et dont il n'est pas possible de trouver ailleurs le modèle ni l'imitation.

Mille chaloupes se croisent et sillonnent l'eau en tous sens : on voit de loin les vaisseaux étrangers qui plient leurs voiles et jettent l'ancre. Ils apportent sous le pôle les fruits des zones brûlantes et toutes les productions de l'univers. Les brillants oiseaux d'Amérique voguent sur la Néva avec des bosquets d'orangers : ils retrouvent en arrivant la noix du cocotier [1], l'ananas [2], le citron et tous les fruits de leur terre natale. Bientôt le Russe opulent s'empare des richesses qu'on lui présente, et jette l'or sans compter à l'avide marchand.

Nous rencontrions de temps en temps d'élégantes chaloupes dont on avait retiré les rames, et qui se laissaient aller doucement au paisible courant de ces belles eaux. Les rameurs chantaient un air national, tandis que leurs maîtres jouissaient en silence de la beauté du spectacle et du calme de la nuit.

Près de nous, une longue barque emportait rapidement une noce de riches négociants. Un baldaquin cramoisi, garni de franges d'or, couvrait le

---

[1] *Cocotier.* Espèce de palmier dont les feuilles sont longues de dix à quinze pieds, et larges de trois pieds. On le trouve en Asie, en Afrique et en Amérique.

[2] *Ananas.* Plante de l'Amérique dont le fruit délicieux a la forme d'une pomme de pin.

jeune couple et les parents. Une musique russe, resserrée entre deux files de rameurs, envoyait au loin le son de ses bruyants cornets. Cette musique n'appartient qu'à la Russie, et c'est peut-être la seule chose particulière à un peuple qui ne soit pas ancienne.

Une foule d'hommes vivants ont connu l'inventeur, dont le nom réveille constamment dans sa patrie l'idée de l'antique hospitalité, du luxe élégant et des nobles plaisirs.

La statue équestre de Pierre Ier s'élève sur le bord de la Néva, à l'une des extrémités de l'immense place d'Isaac. Son visage sévère regarde le fleuve, et semble encore animer cette navigation créée par le génie du fondateur. Tout ce que l'oreille entend, tout ce que l'œil contemple sur ce superbe théâtre, n'existe que par une pensée de la tête puissante qui fit sortir d'un marais tant de monuments pompeux. Sur ces rives désolées, d'où la nature semblait avoir exilé la vie, Pierre assit sa capitale et se créa des sujets. Son bras terrible est encore étendu sur leur postérité, qui se presse autour de l'auguste effigie. On regarde, et l'on ne sait si cette main de bronze protége ou menace.

A mesure que notre chaloupe s'éloignait, le chant des bateliers et le bruit confus de la ville s'éteignaient insensiblement. Le soleil était descendu sous l'horizon ; des nuages brillants répandaient une clarté douce, un demi-jour doré qu'on ne saurait peindre, et que je n'ai jamais vu ailleurs. La lumière et les ténèbres semblent se mêler et comme s'entendre pour former le voile transparent qui couvre alors ces campagnes.

---

66. Venise[1].

L'aspect de Venise est plus étonnant qu'agréable; on croirait d'abord voir une ville submergée, et la réflexion est nécessaire pour admirer le génie des mortels qui ont conquis cette demeure sur les eaux. Naples[2] est bâtie en amphithéâtre au bord de la mer, mais Venise étant sur un terrain tout à fait plat, les clochers ressemblent aux mâts d'un vaisseau qui resterait immobile au milieu des ondes. Un sentiment de tristesse s'empare de l'imagination en entrant dans Venise : on prend congé de la végétation, on ne voit pas même une mouche en ce séjour; tous les animaux en sont bannis, et l'homme seul est là pour lutter contre la mer.

Le silence est profond dans cette ville, dont les

---

[1] Ancienne capitale d'une république célèbre ; elle est bâtie sur environ cent petites îles. Elle fait maintenant partie du royaume Lombard-Vénitien, et se trouve ainsi sous la domination de l'Autriche.

[2] *Naples.* Capitale du royaume des Deux-Siciles. Elle est dans une situation admirable, au bord de la mer, à trois lieues du Vésuve. C'est la ville la plus peuplée de toute l'Italie.

rues sont des canaux, et le bruit des rames est l'unique interruption à ce silence. Ce n'est pas la campagne, puisqu'on n'y voit pas un arbre; ce n'est pas la ville, puisqu'on n'y entend pas le moindre mouvement; ce n'est pas même un vaisseau, puisqu'on n'avance pas : c'est une demeure dont l'orage fait une prison, car il y a des moments où l'on ne peut sortir ni de la ville ni de chez soi. On trouve des hommes du peuple à Venise qui n'ont jamais été d'un quartier à l'autre, qui n'ont pas vu la place Saint-Marc, et pour qui la vue d'un cheval ou d'un arbre serait une véritable merveille. Les gondoles noires qui glissent sur les canaux ressemblent à des cercueils ou à des berceaux, à la première et à la dernière demeure de l'homme. Le soir on ne voit passer que le reflet des lanternes qui éclairent les gondoles, car dans la nuit leur couleur noire empêche de les distinguer; on dirait que ce sont des ombres qui glissent sur l'eau, guidées par une petite étoile.

---

67. L'île de Sein [1].

L'île de Sein s'élève au milieu des flots à l'extrémité du promontoire [2] Breton. Elle est habitée par quelques malheureux pêcheurs, dont la misère ne

[1] A 4 kilomètres de la côte du Finistère.
[2] *Promontoire.* Pointe de terre qui s'avance dans la mer.

peut être comparée qu'à leur ignorance. Les femmes y cultivent la terre, la partagent, la mesurent avec leurs tabliers sans qu'il s'élève jamais la moindre discussion. Les habitants ne ferment jamais leurs portes que lorsqu'ils craignent les tempêtes; des feux follets, des sifflements les annoncent.

Rien ne peut être comparé à la pureté des mœurs de ce pays : rien ne s'y perd, l'objet égaré se retrouve presque toujours suspendu à la corde de la cloche dans l'église. On voudrait plus de bonheur à cette petite population, chez laquelle semblent s'être réfugiées toutes les vertus sociales. La révolution n'a rien changé à leur existence morale; leur pasteur resta toujours parmi eux, ne prêta point de serment, et ils ne ressentirent pas même la secousse de ce grand événement. Leurs fêtes, leurs noces se font sans cérémonies : on danse aux chansons, car on n'y connaît aucun instrument, pas même le bignou, espèce de musette en usage dans tout le reste de la Bretagne.

Les hommes ont de grandes culottes; les femmes mettent sur leurs coiffes de méchants chapeaux pour porter du goëmon [1]; un justaucorps [2], un jupon de toile, des bas et des sabots forment toute leur toilette. M. de Cambry, dans son curieux ouvrage sur

---

[1] Végétal marin que le paysan breton emploie comme engrais.

[2] *Justaucorps.* Vêtement à manches qui serre le corps et descend jusqu'aux genoux.

le Finistère, ajoute : « Les habitants de l'île de Sein n'aiment point que les étrangers viennent s'établir parmi eux ; ils sont d'ailleurs hospitaliers, vous reçoivent à bras ouverts, se disputent la possession de ceux qui viennent les visiter ; tous volent au secours des naufragés, à quelque heure de la nuit que le canon donne le signal d'alarme ; les pilotes sont à bord, bravant le vent, la grêle, le froid, la tempête et la mort ; tout le monde est sur la grève [1]. Le malheureux qui parvient à se sauver est recueilli dans le meilleur lit du ménage ; il est soigné, chauffé, nourri ; ses effets ne sont point volés, on les respecte avec un sentiment inconnu sur les côtes de la grande terre. C'est ainsi qu'ils sauvèrent le magnifique vaisseau de soixante-quatorze de l'escadre de Dorvilliers... Touché de leur état et de leur misère, le duc d'Aiguillon leur offrit une habitation commode sur le continent, tous les secours, toutes les avances dont ils auraient besoin pour s'y fixer ; ce fut en vain : l'idée de quitter leurs rochers leur fit verser des larmes : ils demandèrent à genoux qu'on ne les arrachât pas aux sables qui les avaient vus naître... »

Le passage de l'île à la terre ferme est très-dangereux, ce qui fait dire aux matelots : « Nul n'a passé le raz sans mal et sans terreur. » Le raz est le point du promontoire qui touche à la Bretagne. Dans cette île on ne voit ni fleurs, ni fruits, ni verdure ;

---

[1] *Grève.* Lieu uni et sablonneux au bord de la mer.

les tempêtes en éloignent les oiseaux, et elle est presque toujours couverte de nuages. Dans sa partie occidentale s'élève une chapelle en l'honneur de saint Corentin ; à côté est un ermitage que personne n'ose habiter.

68. Les enfants de Savoie.

Les enfants de Savoie naissent seulement dans leurs vallées, ils n'y reviennent que pour mourir. Semblables à ces grands fleuves que leurs montagnes versent à l'Allemagne, à l'Italie et à la France, ils se répandent comme eux dans les contrées qui les avoisinent, après avoir puisé dans leurs chaumières, qu'ils n'oublient jamais, ce qu'ils n'eussent point trouvé ailleurs, la simplicité et la droiture du cœur, et une fidélité aussi incorruptible que la neige de leurs glaciers.

C'est ordinairement sur la fin de l'automne que les caravanes se rassemblent ; les brouillards du matin ne sont pas encore dissipés. Quelles sont les mères qui, depuis huit jours, ont goûté quelque repos, tant elles ont été accablées de soins et d'inquiétude ! il a fallu rapiécer la veste de bure, faire partir les enfants avec du linge blanc ; et puis auront-ils toujours du travail et du pain ?... Que de pleurs ont interrompu ces occupations ! Que de prières faites du fond du cœur ! Enfin arrive le jour où il faut se séparer. Il y a toujours dans le hameau un ou deux hommes qui ont fait leur tour de France, et qui sont chargés de conduire tous ces enfants : ils sont là, debout, commandant déjà à leur petite troupe, et rassurant les femmes qui s'affligent. Les enfants sont tristes et soumis, car le curé leur a dit que Dieu le voulait. Ils mettent dans leurs sacs le pain qu'on leur donne, parce qu'ils n'ont pas le courage de manger ; ils regardent, sans les écouter, les mères qui leur font longtemps leurs recommandations, et puis les embrassent. On dit enfin la messe des voyageurs : il y a un grand recueillement dans toute l'église ; après, chacun se prépare. Les hommes faits, pendant ce temps, parlent de leurs voyages ; on donne aux enfants la petite caisse où dort la marmotte ; on leur enseigne à tenir les outils du ramoneur ; les mères attachent la besace sur leurs épaules, les embrassent une dernière fois, et rentrent pour pleurer. La caravane descend silencieusement le chemin de la colline, accompagnée de quelques enfants plus petits, de parents qui encouragent ceux qui partent, et du vieux curé qui les arrête enfin à une croix de bois, placée au détour du chemin, les bénit encore, et ramène au village tous ceux qui doivent y rentrer.

69. Les Arabes.

Cependant l'Arabe, à l'aide du chameau, a su franchir et même s'approprier ces lacunes [1] de la nature ; elles lui servent d'asile, elles assurent son repos et le maintiennent dans son indépendance. Mais de quoi les hommes savent-ils user sans abus ? Ce même Arabe libre, indépendant, tranquille, et même riche, au lieu de respecter ces déserts comme les remparts de sa liberté, les souille par le crime ; il les traverse pour aller chez les nations voisines enlever des esclaves et de l'or ; il s'en sert pour exercer son brigandage, dont malheureusement il jouit plus encore que de sa liberté ; car ses entreprises sont presque toujours heureuses ; malgré la défiance de ses voisins et la supériorité de leurs forces, il échappe à leur poursuite, et emporte impunément tout ce qu'il leur a ravi. Un Arabe qui se destine à ce métier de pirate de terre s'endurcit de bonne heure à la fatigue des voyages ; il s'essaye à se passer du sommeil, à souffrir la faim, la soif et la chaleur ; en même temps il instruit ses chameaux, il les élève et les exerce dans cette même vue ; peu de jours après leur naissance, il leur plie les jambes sous le ventre, il les contraint à demeurer à terre, et les charge dans cette situation, d'un poids assez fort qu'il les

[1] Les déserts.

accoutume à porter, et qu'il ne leur ôte que pour leur en donner un plus fort. Au lieu de les laisser paître à toute heure, et boire à leur soif, il commence par régler leurs repas, et peu à peu les éloigne à de grandes distances, en diminuant aussi la quantité de nourriture. Lorsqu'ils sont un peu forts, il les exerce à la course; il les excite par l'exemple des chevaux, et parvient à les rendre aussi légers et plus robustes. Enfin dès qu'il est sûr de la force, de la légèreté et de la sobriété de ses chameaux, il les charge de ce qui est nécessaire à sa subsistance et à la leur; il part avec eux, arrive sans être attendu aux confins du désert, arrête les premiers passants, pille les habitations écartées, charge ses chameaux de son butin. S'il est poursuivi, s'il est forcé de précipiter sa retraite, c'est alors qu'il développe tous ses talents et les leurs; il conduit la troupe, la fait marcher jour et nuit presque sans s'arrêter, ni boire, ni manger; il fait aisément trois cents lieues en huit jours, et pendant tout ce temps de fatigue et de mouvement il laisse ses chameaux chargés, il ne leur donne chaque jour qu'une heure de repos et une pelotte de pâte. Souvent ils courent ainsi neuf ou dix jours sans trouver de l'eau, ils se passent de boire; et lorsque par hasard il se trouve une mare à quelque distance de leur route, ils sentent l'eau de plus d'une demi-lieue; la soif qui les presse leur fait doubler le pas; et ils boivent en une seule fois pour tout le temps passé et pour autant de temps à venir; car souvent leurs voyages sont de plusieurs semaines, et leur temps d'abstinence dure aussi longtemps que leurs voyages.

———

70. Les tombeaux aériens.

La jeune mère se leva, et chercha des yeux, dans le désert embelli par l'aurore, quelque arbre sur les branches duquel elle pût exposer son fils. Elle choisit un érable [1] à fleurs rouges, tout festonné de guirlandes d'apios [2], et qui exhalait les parfums les plus suaves; d'une main elle en abaissa les rameaux inférieurs, de l'autre elle y plaça le corps de son enfant : laissant alors échapper la branche, la branche retourna à sa position naturelle, en emportant la dépouille de l'innocence, cachée dans un feuillage odorant. Oh! que cette coutume indienne est touchante! Dans leurs tombeaux aériens, ces corps, pénétrés de la substance éthérée, enfoncés dans des touffes de verdure et de fleurs, rafraîchis par la rosée, embaumés par les brises, balancés par elles sur la même branche où le rossignol a bâti son nid et fait entendre sa plaintive mélodie, ces corps ainsi exposés ont perdu toute la laideur du sépulcre. Mais,

[1] Grand et bel arbre forestier qui ne porte point de fruit. On en trouve plusieurs espèces en France.

[2] Les tiges de l'*apios* sont très-longues, et s'enroulent autour des arbres et des branches; ses fleurs à corolle rose sont disposées en grappes.

si c'est la dépouille d'une jeune fille, qu'une main amie a suspendue à l'arbre de la mort; si ce sont les restes d'un enfant chéri, qu'une mère a placés dans la demeure des petits oiseaux, le charme redouble encore. Arbre américain, qui, portant des corps dans tes rameaux, les éloigne du séjour des hommes, en les rapprochant de celui de Dieu, je me suis arrêté en extase sous ton ombre! Dans ta sublime allégorie, tu me montrais l'arbre de la vertu; ses racines croissent dans la poussière de ce monde, sa cime se perd dans les étoiles du firmament, et ses rameaux sont les seuls échelons par où l'homme, voyageur sur ce globe, puisse monter de la terre au ciel.

----

71. Le convoi d'une jeune fille.

Après le convoi du pauvre, qui reçoit de ses associés d'infortune sa fête de mort, rien ne donne de plus vives et de plus douloureuses émotions que le convoi de la jeune vierge, que ses compagnes vêtues de blanc, le front paré d'innocence, les joues colorées par de brûlantes larmes, conduisent au lieu fatal où tout vient aboutir. Des rubans blancs qu'elles tiennent dans leurs mains, et que l'on prendrait pour leurs ceintures virginales attachées au char funéraire, semblent le tirer sans efforts. Mais le cercueil et la couronne de fleurs de la victime fixent bientôt tous les regards.

« Quel âge avait-elle? — Dix-sept ans et deux mois, et belle comme un ange! — Ah! la pauvre enfant! mourir si tôt! Et la mère?—Désespérée, elle n'en reviendra pas. » Voilà ce qu'on entend parmi la foule qui grossit à chaque instant. Que si, par malheur, vous venez à découvrir au milieu du cortége virginal quelqu'une de ces figures pâles, mélancoliques et souffrantes, dont le caractère de beauté est le signe d'une mort qui commence, vous restez attristé jusqu'au fond de l'âme; car déjà votre imagination voit s'ouvrir un nouveau cercueil.

----

72. Combat d'un gladiateur contre un tigre.

On avait établi, selon l'usage, surtout sous le ciel d'Afrique, au haut des gradins, des poteaux surmontés de piques dorées, auxquels étaient attachées des voiles de pourpre retenues par des nœuds de soie et d'or. Ces voiles étendues formaient au-dessus des spectateurs une vaste tente circulaire, dont les reflets éclatants donnaient à tous ces visages africains une teinte animée en parfaite harmonie avec leur expression vive et passionnée.

Au-dessus de l'arène le ciel était libre et vide, et des flots de lumière qui en descendaient, comme par la coupole dans le Panthéon d'Agrippa[1], se répan-

----

[1] Un des plus beaux édifices de l'ancienne Rome. Il fut construit et dédié à tous les dieux par Agrippa, gendre de l'empereur

daient largement de tous côtés, et ne laissaient rien perdre, aux yeux ravis, ni des colonnes, ni des statues, ni des vases de bronze et d'or, ni de ces joyaux brillants dont le sein des femmes et des jeunes filles étincelait.

Soixante mille spectateurs avaient trouvé place; soixante mille autres erraient autour de l'enceinte, et ils se renvoyaient les uns aux autres ce vague tumulte où rien n'est distinct, ni fureur ni joie : l'amphithéâtre ressemblait à un vaisseau dans lequel la vague a pénétré, et qu'elle a rempli jusqu'au pont, tandis que d'autres vagues le battent à l'extérieur, et se brisent en mugissant contre lui.

Un horrible rugissement, auquel répondirent les cris de la foule, annonça l'arrivée du tigre, car on venait d'ouvrir sa loge.

A l'une des extrémités, un homme était couché sur le sable, nu et comme endormi, tant il se montrait insouciant de ce qui agitait si fort la multitude; et tandis que le tigre s'élançait de tous côtés dans l'arène vide, impatient de la proie attendue, lui, appuyé sur un coude, semblait fermer ses yeux pesants, comme un moissonneur qui, fatigué d'un jour d'été, se couche et attend le sommeil.

Cependant, plusieurs voix parties des gradins demandent à l'intendant des jeux de faire avancer la

Auguste, qui régnait au moment de la naissance de Jésus-Christ. Aujourd'hui le Panthéon est une église consacrée à tous les saints.

victime; car ou le tigre ne l'a point distinguée, ou il l'a dédaignée en la voyant si docile. Les préposés de l'arène, armés d'une longue pique, obéissent à la volonté du peuple, et, du bout de leur fer aigu, excitent le gladiateur. Mais à peine a-t-il ressenti les atteintes de leurs lances, qu'il se lève avec un cri terrible, auquel répondent, en mugissant d'effroi, toutes les bêtes enfermées dans les cavernes de l'amphithéâtre. Saisissant aussitôt une des lances qui avaient ensanglanté sa peau, il l'arrache d'un seul effort à la main qui la tenait, la brise en deux portions, jette l'une à la tête de l'intendant qu'il renverse; et gardant celle qui est garnie de fer, il va lui-même avec cette arme au-devant de son sauvage ennemi.

Dès qu'il se fut levé, et que le regard des spectateurs put mesurer sur le sable l'ombre que projetait sa taille colossale, un murmure d'étonnement circula dans toute l'assemblée, et plus d'une femme, le montrant du doigt avec une sorte d'orgueil, le nommait par son nom, et racontait tous ses exploits du cirque et ses violences dans les séditions.

Le peuple était content : tigre et gladiateur, il jugeait les deux adversaires dignes l'un de l'autre.

Pendant ce temps, le gladiateur s'avançait lentement dans l'arène, se tournant parfois du côté de la loge impériale, et laissant alors tomber ses bras avec une sorte d'abattement, ou creusant la terre, qu'il allait bientôt ensanglanter, du bout de sa lance.

Comme il était d'usage que les criminels ne fussent pas armés, quelques voix crièrent : « Point d'armes au bestiaire[1]! le bestiaire sans armes!... » Mais lui, brandissant le tronçon qu'il avait gardé, et le montrant à cette multitude : « Venez le prendre, » disait-il, mais d'une bouche contractée, avec des lèvres pâles et une voix rauque presque étouffée par la colère. Les cris ayant redoublé cependant, il leva la tête, fit du regard le tour de l'assemblée, lui sourit dédaigneusement, et brisant de nouveau entre ses mains l'arme qu'on lui demandait, il en jeta les débris à la tête du tigre, qui aiguisait en ce moment ses dents et ses griffes contre le socle d'une colonne.

Ce fut là son défi.

L'animal, se sentant frappé, détourna la tête, et voyant son adversaire debout au milieu de l'arène, d'un bond il s'élança sur lui ; mais le gladiateur l'évita en se baissant jusqu'à terre, et le tigre alla tomber en rugissant à quelques pas. Le gladiateur se releva, et trois fois il trompa par la même manœuvre la fureur de son sauvage ennemi ; enfin le tigre vint à lui à pas comptés, les yeux étincelants, la queue droite, la langue déjà sanglante, montrant les dents et allongeant le museau : mais cette fois ce fut le gladiateur qui, au moment où il allait le saisir, le franchit d'un saut, aux applaudissements de la foule,

---

[1] *Bestiaire.* Homme destiné à combattre contre les bêtes féroces.

que l'émotion de cette lutte maîtrisait déjà tout entière.

Enfin, après avoir longtemps fatigué son ennemi furieux, plus excédé des encouragements que la foule semblait lui donner que des lenteurs d'un combat qui avait semblé d'abord si inégal, le gladiateur l'attendit de pied ferme, et le tigre tout haletant, courut à lui avec un rugissement de joie. Un cri d'horreur, ou peut-être de joie aussi, partit en même temps de tous les gradins, quand l'animal, se dressant sur ses pattes, posa ses griffes sur les épaules nues du gladiateur, et avança sa tête pour le dévorer; mais celui-ci jeta sa tête en arrière, et saisissant de ses deux bras roidis le cou soyeux de l'animal, il le serra avec une telle force, sans lâcher prise, que le tigre redressa son museau et le leva violemment pour faire arriver jusqu'à ses poumons un peu d'air, dont les mains du gladiateur lui fermaient le passage, comme deux tenailles de forgeron

Le gladiateur cependant, sentant ses forces faiblir et s'en aller avec son sang, sous les griffes tenaces, redoublait d'efforts pour en finir au plus tôt; car la lutte en se prolongeant devait tourner contre lui. Se dressant donc sur ses deux pieds, et se laissant tomber de tout son poids sur son ennemi, dont les jambes ployèrent sous le fardeau, il brisa ses côtes et fit rendre à sa poitrine écrasée un son qui s'échappa de sa gorge longtemps étreinte avec des flots de sang et d'écume. Se relevant alors tout à coup à moitié, et dégageant ses épaules, dont un lambeau demeura attaché à l'une des griffes sanglantes, il posa un genou sur le flanc pantelant de l'animal; et, le pressant avec une force que sa victoire avait doublée, il le sentit se débattre un moment sous lui; et, le comprimant toujours, il vit ses muscles se roidir, et sa tête, un moment redressée, retomber sur le sable, la gueule entr'ouverte et souillée d'écume, les dents serrées et les yeux éteints.

Une acclamation générale s'éleva aussitôt, et le gladiateur, dont le triomphe avait ranimé les forces, se redressa sur ses pieds, et saisissant le monstrueux cadavre, le jeta de loin, comme un hommage, sous la loge impériale.

L'usage de ces horribles combats, qu'on donnait autrefois en spectacle au peuple, a disparu sous la douce et bienfaisante influence du christianisme.

73. Incendie de Rome.

(En 237, sous les empereurs Maxime et Balbin.)

I

Quand on eut rompu les canaux qui portaient l'eau dans leur camp, les prétoriens [1] reconnurent

[1] Soldats formant la garde des empereurs romains. Leur puissance devint si grande qu'ils disposaient de l'empire.

aussitôt qu'il leur était impossible de se défendre
derrière ces remparts, où les insultes du peuple
allaient toujours les assaillir, et ils se demandèrent,
en regardant leurs armes, s'ils devaient attendre que
la mort vînt les chercher là. Tout à coup, sans qu'aucune voix se fût élevée pour donner conseil, comme
si le même péril eût inspiré à tous la même pensée,
mille bras agitèrent à la fois les piques longues et
pesantes, et un cri unanime et furieux se fit entendre jusqu'au Forum [1] : « Hors des portes! hors
des portes! » Et en même temps, rangés en bon
ordre sous la conduite de leurs chefs, ils s'avancèrent d'un pas rapide et régulier, contre le peuple,
qui fit d'abord bonne contenance, et répondit par
de grandes clameurs et des coups portés au hasard à
la grêle de traits qui vint fondre sur lui. En avant
de la foule, quelques gladiateurs [2], et, parmi eux, ce
gladiateur à haute stature qui, sur tous les points
de l'empire, ne manquait à aucun désordre, éta-
laient avec une sorte de complaisance et de bravade
leurs formes athlétiques et leur dextérité à manier
le bouclier et l'épée. D'un autre côté, Gallicanus [3] et
quelques autres sénateurs, qui avaient poussé le

[1] Lieu où le peuple romain s'assemblait pour délibérer.

[2] On appelait gladiateurs ceux qui combattaient contre les bêtes
féroces.

[3] Gallicanus était consul. On donnait ce nom à deux magistrats
qui exerçaient une grande autorité : leurs fonctions ne duraient
qu'un an.

10

peuple dans cette entreprise, et qui faisaient parade d'unir leurs intérêts aux siens, parcouraient les groupes avec des paroles tour à tour violentes et flatteuses, et des promesses qui ne donnaient à cette masse turbulente ni courage ni discipline. Aussi le premier choc des prétoriens la dispersa; et, refoulée dans les rues de Rome, le désordre de sa fuite y porta l'épouvante et le désespoir. Les prétoriens, en effet, qui la suivaient l'épée aux reins, et dont on avait engagé si maladroitement l'existence dans cette lutte, justifiaient amplement ces terreurs par l'horrible carnage que faisaient leurs armes de toute cette populace, qui n'était plus là, fuyant et tournant le dos, que pour se laisser tailler en pièces; ils reprenaient leur pouvoir d'assaut, et Rome avait tout à redouter d'être emportée ainsi de vive force. Aussi la population entière, qui s'était précipitée dans toutes les avenues, qui avait envahi toutes les maisons dont les portes avaient pu être forcées, dès qu'elle se vit hors d'atteinte de leurs lances, retrouva son courage avec sa haine, et, du haut des terrasses, des galeries, de toutes les ouvertures pratiquées sur les rues où les cohortes étaient engagées, elle fit pleuvoir tout à coup des pierres, des meubles en débris, d'énormes poutres, et tout ce dont le désespoir armait ses mains infatigables.

Les prétoriens, étonnés, lèvent la tête avec une dédaigneuse fureur, et entendent le peuple rugir de joie, alors que quelques-uns des leurs tombent accablés sous quelques débris : des deux côtés de la voie Appienne [1], c'est la même défense, ce sont les mêmes insultes, les mêmes dangers. Ils regardent avec horreur ces blessures, que n'a point faites le fer d'une lance ou d'une flèche, et répondent aux coups qui les atteignent de si loin par des imprécations.

II

Mais un soldat gaulois, qui a vu son camarade renversé à côté de lui, sous une large dalle lancée du haut d'un toit, fait un saut en arrière, et saisissant au coin d'un palais quelques brins de foin qui avaient servi de couche à un malheureux Juif : « S'ils combattent comme des renards, s'écrie-t-il, enfumons-les dans leurs tanières. » Et se précipitant dans un vestibule enfoncé, où brûlait une lampe en l'honneur d'un dieu Lare [2], il y allume le brandon qu'il agite, le montre à ses compagnons qui applaudissent, et pénètre dans la maison, qu'il livre de tous côtés à la flamme. « Le feu ! le feu ! » répètent aussitôt les prétoriens ; et, se saisissant des débris de meubles et de toitures dont les rues sont encombrées, ils en font des monceaux sous les portiques

---

[1] *Voie*, route. La voie Appienne, la plus célèbre des voies romaines, partait de Rome et se terminait à Brindes, sur l'Adriatique.

[2] *Dieux Lares*. Les païens représentaient souvent ces dieux sous la figure d'un chien, pour montrer qu'ils étaient les protecteurs, les gardiens de la maison.

des palais, et y mettent le feu, qu'ils attisent en vomissant d'horribles menaces contre un ennemi qui les force à ce genre de combat.

Ce fut un effrayant spectacle, sitôt que la fumée monta au faîte des maisons, de voir cette multitude qui s'y trouvait amoncelée se regarder avec étonnement, s'interroger, pâlir, et pousser enfin d'affreux gémissements à chaque jet de flammes qui, se faisant jour à travers les ouvertures que ses propres mains avaient pratiquées, lui montraient dans toute son horreur le danger qui la pressait. Où fuir? où se sauver? dans les maisons, le dévorant incendie; dans les rues les lances prétoriennes. On courait en foule sur les toits des palais où la flamme ne s'était pas encore montrée; et les flèches des soldats lancées contre une masse qui ne se cachait plus à leurs coups, car elle avait changé d'ennemi, harcelaient et décimaient cette foule, à laquelle ne restait plus aucun refuge. Pour comble de malheur, un vent furieux, qui soufflait du même côté que celui par lequel s'avançaient les cohortes, vint s'emparer tout à coup du désastre qu'elles avaient commencé, et, poussant l'incendie de maison en maison, semblait s'acharner à son tour, avec ses nuages de flamme, contre ces misérables dont la moitié était ensevelie sous les décombres embrasés.

C'était un des plus beaux quartiers de Rome, celui de la Saburra; c'eût été dans les provinces une ville entière, tant il y avait de palais et de temples.

Les temples surtout étaient encombrés de peuple; mais l'incendie ne respectait rien, et les malheureux qu'il venait saisir au pied des autels y succombaient avec la douleur de douter de leurs dieux. Aussi, dans toute sa vaste enceinte, la grande Rome fut frappée d'une soudaine terreur, au bruit effroyable qui partait de ce quartier désolé; car les lamentations, les cris de rage, les écroulements des toitures, les sifflements de la flamme et des vents, les vociférations des soldats barbares, les hurlements des bêtes du cirque, que l'ardeur de l'embrasement épouvantait, se confondaient en un seul cri, comme celui d'un volcan qui éclate.

---

74. Les Francs sur le point de livrer bataille.

(Vers l'an 420.)

Parés de la dépouille des ours, des veaux marins, des urochs[1] et des sangliers, les Francs se montraient de loin comme un troupeau de bêtes féroces. Une tunique courte et serrée laissait voir toute la hauteur de leur taille et ne leur cachait pas le genou. Les yeux de ces barbares ont la couleur d'une mer orageuse; leur chevelure blonde, ramenée en avant sur leur poitrine et teinte d'une liqueur

---

[1] *Urochs* ou *aurochs*. Taureau sauvage qui habite les grandes forêts du nord de l'Europe.

10.

rouge, est semblable à du sang et à du feu. La plupart ne laissent croître leur barbe qu'au-dessus de la bouche, afin de donner à leurs lèvres plus de ressemblance avec le mufle des dogues et des loups. Les uns chargent leur main droite d'une framée [1], et leur main gauche d'un bouclier qu'ils tournent comme une roue rapide; d'autres, au lieu de ce bouclier, tiennent une espèce de javelot nommé angon, où s'enfoncent deux fers recourbés; mais tous ont à la ceinture la redoutable francisque, espèce de hache à deux tranchants, dont le manche est recouvert d'un dur acier; arme funeste que le Franc jette en poussant un cri de mort, et qui manque rarement de frapper le but qu'un œil intrépide a marqué.

Ces barbares, fidèles aux usages des anciens Germains [2], s'étaient formés en coin, leur ordre accoutumé de bataille. Le formidable triangle, où l'on ne distingue qu'une forêt de framées, des peaux de bêtes et des corps demi-nus, s'avançait avec impétuosité, mais d'un mouvement égal, pour percer la ligne romaine. A la pointe de ce triangle étaient placés des braves qui conservaient une barbe longue et hérissée, et qui portaient au bras un anneau de

[1] *Framée*. Arme des Francs; espèce de dard au fer menu et tranchant.

[2] *Germains*. Habitants de l'Allemagne, qu'on appelait anciennement *Germanie*. Les Francs étaient un peuple de la Germanie.

fer. Ils avaient juré de ne quitter ces marques de servitude qu'après avoir sacrifié un Romain.

Chaque chef, dans ce vaste corps, était environné des guerriers de sa famille, afin que, plus ferme dans le choc, il remportât la victoire ou mourût avec ses amis. Chaque tribu se ralliait sous un symbole : la plus noble d'entre elles se distinguait par des abeilles ou trois fers de lance. Le vieux roi des Sicambres[1], Pharamond[2], conduisait l'armée entière, et laissait une partie du commandement à son petit-fils Mérovée. Les cavaliers francs, en face de la cavalerie romaine, couvraient les deux côtés de leur infanterie : à leurs casques, en forme de gueules ouvertes, ombragés de deux ailes de vautour, à leurs corselets de fer, à leurs boucliers blancs, on les eût pris pour des fantômes, ou pour ces figures bizarres que l'on aperçoit au milieu des nuages pendant une tempête. Clodion[3], fils de Pharamond et père de Mérovée, brillait à la tête de ces cavaliers menaçants.

Sur une grève, derrière cet essaim d'ennemis, on apercevait leur camp, semblable à un marché de laboureurs et de pêcheurs ; il était rempli de femmes et d'enfants, et retranché avec des bateaux de cuir

---

[1] *Sicambres.* Peuple guerrier de la Germanie ; il se mêla et ne fit qu'un avec les Francs.

[2] Pharamond fut élu roi de France vers l'an 420. (Voir l'*Histoire de France.*)

[3] Clodion monta sur le trône vers l'an 428, et eut pour successeur son fils Mérovée

et des chariots attelés de grands bœufs. Non loin de ce camp champêtre, trois sorcières en lambeaux faisaient sortir de jeunes poulains d'un bois sacré, afin de découvrir par leur course à quel parti Tuiston[1] promettait la victoire. La mer d'un côté, des forêts de l'autre, formaient le cadre de ce grand tableau.

Le soleil du matin, s'échappant des replis d'un nuage d'or, verse tout à coup sa lumière sur les bois, l'Océan et les deux armées. La terre paraît embrasée du feu des casques et des lances ; les instruments guerriers sonnent l'air antique de Jules-César partant pour les Gaules. La rage s'empare de tous les cœurs, les yeux roulent du sang, la main frémit sur l'épée. Les chevaux se cabrent, creusent l'arène, secouent leur crinière, frappent de leur bouche écumante leur poitrine enflammée, ou lèvent vers le ciel leurs naseaux brûlants pour respirer les sons belliqueux.

---

75. Attila[2].

Au milieu de l'ébranlement social, Attila semblait né pour l'effroi du monde ; il s'attachait à sa destinée je ne sais quelle terreur, et le vulgaire se faisait de lui une opinion formidable. Sa démarche était su-

---

[1] *Tuiston*. Divinité des Germains, qui le disaient fils de la Terre.

[2] Ce conquérant, si célèbre par ses dévastations, qui lui firent donner le surnom de *fléau de Dieu*, mourut en 453.

perbe; sa puissance apparaissait dans les mouvements de son corps et dans le roulement de ses regards. Amateur de la guerre, mais sachant contenir son ardeur, il était sage au conseil, exorable aux suppliants, propice à ceux dont il avait reçu la foi. Sa courte stature, sa large poitrine, sa tête plus large encore, ses petits yeux, sa barbe rare, ses cheveux grisonnants, son nez camus, son teint basané, annonçaient son origine.

Sa capitale était un camp ou grande bergerie de bois, dans les pacages du Danube : les rois qu'il avait soumis veillaient tour à tour à la porte de sa baraque; ses femmes habitaient d'autres loges autour de lui. Couvrant sa table de plats de bois et de mets grossiers, il laissait les vases d'or et d'argent, trophée de la victoire et chefs-d'œuvre des arts de la Grèce, aux mains de ses compagnons. C'est là qu'assis sur une escabelle, le Tartare recevait les ambassadeurs de Rome et de Constantinople. A ses côtés siégeaient non les ambassadeurs, mais des barbares inconnus, ses généraux et capitaines; il buvait à leur santé, finissant, dans la munificence du vin, par accorder grâce aux maîtres du monde.

------

76. Un combat naval de Duguay-Trouin.

Duguay-Trouin s'avance, la victoire le suit. La ruse et l'audace, l'impétuosité de l'attaque et l'habileté de la manœuvre, l'ont rendu maître du vaisseau commandant. Cependant l'on combat de tous côtés; sur une vaste étendue de mer règne le carnage. On se mêle : les proues [1] heurtent contre les proues; les manœuvres sont entrelacées dans les manœuvres; les foudres se choquent et retentissent. Duguay-Trouin observe d'un œil tranquille la face du combat, pour porter des secours, réparer des défaites ou achever des victoires. Il aperçoit un vaisseau armé de cent canons, défendu par une armée entière. C'est là qu'il porte ses coups : il préfère à un triomphe facile l'honneur d'un combat dangereux. Deux fois il osa l'aborder, deux fois l'incendie qui s'allume dans le vaisseau ennemi l'oblige de s'écarter. *Le Devonshire*, semblable à un volcan allumé, tandis qu'il est consumé au dedans, vomit au dehors des feux encore plus terribles. Les Anglais, d'une main lancent des flammes, de l'autre tâchent d'éteindre celles qui les environnent. Duguay-Trouin n'eût désiré les vaincre que pour les sauver. Ce fut un horrible spectacle pour un cœur tel que le sien, de voir ce vaisseau immense brûlé en pleine mer, la lueur de l'embrasement réfléchie au loin sur les flots, tant d'infortunés errant en furieux, ou palpitant immobiles au milieu des flammes, s'embrassant les uns les autres, ou se déchirant eux-mêmes, levant vers le ciel des bras consumés, ou précipitant leurs

----

[1] *Proue.* L'avant d'un vaisseau.

corps fumants dans la mer ; d'entendre le bruit de l'incendie, les hurlements des mourants, les vœux de la religion mêlés aux cris du désespoir et aux imprécations de la rage, jusqu'au moment terrible où le vaisseau s'enfonce, l'abîme se referme et tout disparaît. Puisse le génie de l'humanité mettre souvent de pareils tableaux devant les yeux des rois qui ordonnent les guerres ! Cependant Duguay-Trouin poursuit la flotte épouvantée. Tout fuit, tout se disperse. La mer est couverte de débris, nos ports se remplissent de dépouilles.

---

77. Incendie de Moscou.

L'embrasement, poursuivant ses ravages, eut bientôt atteint les plus beaux quartiers de la ville. En un instant tous ces palais, que nous avions admirés pour l'élégance de leur architecture et le goût de leur ameublement, furent consumés par la violence des flammes. Leurs superbes frontons, décorés de bas-reliefs et de statues, venant à manquer de support, tombaient avec fracas sur les débris de leurs colonnes. Les églises, quoique couvertes en tôle et en plomb, tombaient aussi, et avec elles ces dômes superbes que nous avions vus la veille tout resplendissants d'or et d'argent. Les hôpitaux, où se trouvaient plus de vingt mille malades ou blessés, ne tardèrent pas à être incendiés ; le désastre qui s'ensuivit révoltait l'âme et la glaçait d'effroi. Consternés par tant de calamités, nous espérions que les ombres de la nuit en couvriraient l'effrayant tableau ; elles ne servirent qu'à rendre l'incendie plus terrible, et à faire ressortir davantage la violence des flammes agitées par le vent : elles s'élevaient jusqu'au ciel. On apercevait aussi les fusées incendiaires que les malfaiteurs lançaient du haut des clochers ; elles sillonnaient des nuages de fumée, et de loin ressemblaient à des étoiles tombantes.

Le lendemain, on ne distinguait les endroits où il y avait eu des maisons que par quelques piliers en pierres calcinées et noircies. Le vent, soufflant avec violence, formait un mugissement semblable à celui que produit une mer agitée, et faisait tomber sur nous, avec un fracas épouvantable, les énormes lames de tôle qui recouvraient les palais. De quelque côté qu'on tournât les yeux, on ne voyait que des ruines ou un océan de flammes. Le feu prenait comme s'il eût été mis par une puissance invisible ; des quartiers immenses s'allumaient, brûlaient et disparaissaient à la fois.

A travers une épaisse fumée se présentait une longue file de voitures toutes chargées de butin, forcées par l'encombrement de s'arrêter à chaque pas : on entendait les cris des conducteurs, qui, craignant d'être brûlés, poussaient, pour avancer, des imprécations effroyables.

Le feu était au Kremlin ; mais Napoléon, maître

enfin de ce palais des czars[1], s'opiniâtrait à ne pas
céder cette conquête, même à l'incendie. Sourd à nos
sollicitations, car tous les officiers s'étaient réunis
autour de lui, ce ne fut qu'après avoir jugé par lui-
même du danger qu'il se décida enfin à fuir. Il descendit rapidement cet escalier du nord, fameux par
le massacre des strélitz[2]. Mais nous étions assiégés
par un océan de flammes : elles bloquaient toutes les
portes de la citadelle, et repoussèrent les premières
sorties qui furent tentées. Après quelques tâtonne-
ments, on découvrit, à travers les rochers, une po-
terne[3] qui donnait sur la Moscowa. Ce fut par cet
étroit passage que Napoléon, ses officiers et la garde
parvinrent à s'échapper du Kremlin. Mais qu'a-
vaient-ils gagné à cette sortie ? Plus près de l'incendie, ils ne pouvaient ni reculer ni demeurer ; et
comment avancer, comment s'élancer à travers les
vagues de cette mer de feu ? Ceux qui avaient par-
couru la ville, assourdis par la tempête, aveuglés
par les cendres, ne pouvaient plus se reconnaître,
puisque les rues disparaissaient dans la fumée et
sous les décombres.

Il fallait pourtant se hâter. A chaque instant croissait autour de nous le mugissement des flammes.

[1] Titre qu'on donne aux empereurs de Russie.

[2] Corps d'infanterie détruit par Pierre le Grand, à la suite d'une
révolte qui fut punie impitoyablement. Pierre lui-même concourut
au massacre des strélitz.

[3] Porte.

Une seule rue étroite, tortueuse et toute **brûlante,** s'offrait plutôt comme l'entrée que comme la sortie de cet enfer. L'Empereur s'élança à pied et sans hésiter dans ce dangereux passage. Il s'avança au travers du pétillement de ces brasiers, au bruit du craquement des voûtes et de la chute des poutres brûlantes et des toits de fer ardent qui croulaient autour de lui. Ces débris embarrassaient ses pas. Les flammes qui dévoraient les édifices entre lesquels il marchait, dépassant leur faîte, fléchissaient alors sous le vent, et se recourbaient sur nos têtes. Nous marchions sur une terre de feu, sous un ciel de feu, entre deux murailles de feu ! Un air dévorant, des cendres étincelantes embrasaient notre respiration sèche, haletante et déjà suffoquée par la fumée. Nos mains brûlaient en cherchant à garantir notre figure d'une chaleur insupportable, et en repoussant les flammèches qui couvraient à chaque instant et pénétraient nos vêtements.

---

78. Bonheur de l'obscurité.

Heureux celui qui, au lieu de parcourir le monde, vit loin des hommes ! Heureux celui qui ne connaît rien au delà de son horizon, et pour qui le village voisin même est une terre étrangère ! Il n'a point laissé son cœur à des objets aimés qu'il ne verra plus, ni sa réputation à la discrétion des méchants.

Il croit que l'innocence habite dans les hameaux, l'honneur dans les palais et la vertu dans les temples; il met sa gloire et sa religion à rendre heureux ce qui l'environne. S'il ne voit dans ses jardins ni les fruits de l'Asie, ni les ombrages de l'Amérique, il cultive les plantes qui font la joie de sa femme et de ses enfants. Il n'a pas besoin des monuments de l'architecture pour ennoblir son paysage : un arbre à l'ombre duquel un homme vertueux s'est reposé lui donne de sublimes ressouvenirs.

La culture des blés lui présente bien d'autres concerts agréables avec la vie humaine. Il connaît, à leurs ombres, les heures du jour, à leurs accroissements les rapides saisons, et il ne compte ses années fugitives que par leurs récoltes innocentes. Ses travaux sont toujours surpassés par les bienfaits de la nature. Dès que le soleil est au signe de la Vierge[1], il rassemble ses parents, il invite ses voisins, et dès l'aurore, il entre avec eux, la faucille à la main, dans les blés mûrs. Son cœur palpite de joie en voyant ses gerbes s'accumuler, et ses enfants danser autour d'elles couronnés de bluets et de coquelicots : leurs jeux lui rappellent ceux de son premier âge et la mémoire de vertueux ancêtres, qu'il espère revoir un jour dans un monde plus heureux. Il ne doute pas qu'il n'y ait un Dieu à la vue des moissons et aux douces époques qu'elles ramènent à son souve-

---

[1] Dans le mois d'août.

nir; il le remercie d'avoir lié la société passagère des hommes par une chaîne éternelle de bienfaits.

Prés fleuris, majestueuses et murmurantes forêts, fontaines mousseuses, sauvages rochers fréquentés de la seule colombe, aimables solitudes qui nous ravissez par d'ineffables concerts, heureux qui pourra lever le voile qui couvre vos charmes secrets ! Mais plus heureux encore celui qui peut les goûter en paix dans le patrimoine de ses pères.

79. La Fête des Rois.

Les cœurs simples ne se rappellent pas sans attendrissement ces heures d'épanchement où les familles se rassemblaient autour des gâteaux qui retraçaient les présents des mages. L'aïeul, retiré pendant le reste de l'année au fond de son appartement, reparaissait dans ce jour comme la divinité du foyer paternel. Ses petits-enfants, qui depuis longtemps ne rêvaient que la fête attendue, entouraient ses genoux, et le rajeunissait de leur jeunesse. Les fronts respiraient la gaieté; les cœurs étaient épanouis; la salle du festin était décorée, et chacun prenait un vêtement nouveau. Au choc des verres, aux éclats de la joie, on tirait au sort les royautés éphémères; on se passait un sceptre qui ne pesait point aux mains du monarque. Souvent une fraude, qui redoublait l'allégresse des sujets, et n'excitait que les plaintes de

la souveraine, élevait au trône la fille du lieu et le
fils du voisin nouvellement arrivé de l'armée. Les
jeunes gens rougissaient, embarrassés qu'ils étaient
de leur couronne; les mères souriaient, et l'aïeul
vidait sa coupe à la nouvelle reine. Le curé, présent
à la fête, recevait, pour la distribuer avec d'autres
secours, cette première part appelée la part des pauvres. Des jeux de l'ancien temps, un bal, dont quelque vieux serviteur était le musicien, prolongeaient
les plaisirs, et la maison tout entière, nourrices, enfants, fermiers, domestiques et maîtres dansaient
ensemble la ronde antique.

———

80. La Cloche natale.

Les dimanches et les jours de fête, j'ai souvent
entendu dans le grand bois, à travers les arbres, les
sons de la cloche lointaine qui appelait au temple
l'homme des champs; appuyé contre le tronc d'un
ormeau, j'écoutais en silence le pieux murmure.
Chaque frémissement de l'airain portait à mon âme
naïve l'innocence des mœurs champêtres, le calme
de la solitude, le charme de la religion et la délectable
mélancolie des souvenirs de ma première enfance.
Oh! quel cœur si mal fait n'a tressailli au bruit des
cloches de son lieu natal, de ces cloches qui fré-
mirent de joie sur son berceau, qui annoncèrent son
avénement à la vie, qui marquèrent le premier bat-

tement de son cœur, qui publièrent dans tous les lieux d'alentour la sainte allégresse de son père, les douleurs et les joies encore plus ineffables de sa mère! Tout se trouve dans les rêveries enchantées où nous plonge le bruit de la cloche natale : religion, famille, patrie, et le berceau et la tombe, et le passé et l'avenir.

---

81. Le Cimetière de campagne.

Le couvre-feu [1] bruyant annonce la chute du jour, les troupeaux mugissants foulent lentement les pâturages, et le laboureur fatigué, quittant ses travaux, retourne à sa chaumière : je suis seul dans le monde et dans les ténèbres.

Le paysage, tout à l'heure si vivant, s'obscurcit et s'efface : il se fait dans toute la nature un calme solennel, qui n'est interrompu que par le bourdonnement monotone de l'escarbot qui prend son vol, et le tintement lointain des clochettes des troupeaux.

On entend aussi partir de cette vieille tour, cachée sous des touffes de lierre, la lugubre plainte du hibou contre le profane qui, osant porter ses pas si près de son asile, vient troubler la paix de son antique solitude.

Sous les rameaux de ces ormes, à l'ombre de ces ifs, voyez les petits tertres que forme le gazon : c'est

---

[1] Coup de cloche qui, dans certains pays, marque l'heure de se retirer, de couvrir le feu, etc.

là que reposent à jamais, chacun dans sa tombe, les rustiques ancêtres du hameau.

Ni le souffle de la brise, ni l'air embaumé du matin, ni les chants de l'hirondelle impatiente de s'élancer de son nid construit avec une paille légère, ni les cris perçants du coq, ni le cor retentissant, ne les réveilleront plus de leur profond sommeil.

Pour eux ne pétillera plus la flamme du foyer, et la ménagère empressée ne fera plus ses apprêts du soir; leurs enfants ne courront plus au devant d'eux fêter le retour par leurs caresses; ils ne sauteront plus à l'envi sur leurs genoux, pour se disputer leurs baisers.

Souvent la glèbe ' obstinée s'ouvrit devant eux en sillons; la moisson se courba souvent sous leurs faucilles. Avec quelle franche gaieté ils promenaient leur charrue dans la plaine, ou d'un bras puissant abattaient les bois sous leurs coups répétés!

Que l'ambition ne se rie pas de leurs utiles travaux, de leurs joies domestiques et de leur obscure destinée, et que la grandeur n'écoute pas avec un dédaigneux sourire les courtes et simples annales du pauvre!

---

82. Les deux Arabes.
(Pieuse légende.)

Jérusalem était dans l'origine un champ labouré : deux frères possédaient la partie où depuis fut bâti le

---

¹ *Glèbe*. La terre, le champ que l'on cultive. Ce mot s'emploie dans le style poétique.

temple. L'un de ces frères était marié et avait plusieurs enfants; l'autre vivait seul; ils cultivaient en commun le champ qu'ils avaient hérité de leur mère.

Le temps de la moisson venu, les deux frères lièrent leurs gerbes, en firent deux tas égaux qu'ils laissèrent sur le champ. Pendant la nuit, celui des deux frères qui n'était pas marié eut une bonne pensée; il se dit à lui-même : « Mon frère a des enfants et une femme à nourrir, il n'est pas juste que ma part soit aussi forte que la sienne; allons , prenons dans mon tas quelques gerbes que j'ajouterai secrètement aux siennes; il ne s'en apercevra pas, et ne pourra ainsi les refuser. » Et il fit comme il avait pensé. La même nuit, l'autre frère se réveilla, et dit à sa femme : « Mon frère est jeune, il vit sans compagne, il n'a personne pour l'assister dans son travail et pour le consoler dans ses fatigues; il n'est pas juste que nous prenions du champ autant de gerbes que lui : levons-nous, allons et portons secrètement à son tas un certain nombre de gerbes ; il ne s'en apercevra pas demain, et ne pourra ainsi les refuser. » Et ils firent comme ils avaient pensé. Le lendemain, chacun des frères se rendit au champ, et fut bien surpris de voir que les deux tas étaient toujours pareils; ni l'un ni l'autre ne pouvait intérieurement se rendre compte de ce prodige; ils firent de même pendant plusieurs nuits de suite ; mais, comme chacun portait au tas de son frère le même nombre de gerbes, les tas demeuraient toujours égaux, jusqu'à ce qu'une nuit, tous deux s'étant mis en route pour approfondir la cause de ce mystère, ils se rencontrèrent portant chacun les gerbes qu'ils se destinaient mutuellement. Or, le lieu où une si bonne pensée était venue à la fois et si persévéramment à deux hommes, devait être une place agréable à Dieu : les hommes la choisirent pour être une maison de Dieu, et le Seigneur daigna la consacrer.

---

83. Charité et Délicatesse de quelques ouvriers.

Il y a peu d'années, le nommé François Germain, ouvrier mécanicien à Paris, se trouvant sur son lit de mort après trois semaines de maladie, fit appeler un de ses camarades et lui recommanda de vendre après sa mort le peu qu'il possédait, et d'en envoyer le montant à sa mère âgée et infirme qui habitait Valenciennes. Le moribond ne put s'empêcher de verser des larmes en songeant à la misère dans laquelle allait tomber sa vieille mère lorsqu'il ne serait plus là pour l'aider. Son camarade lui répondit que les amis de l'atelier auraient soin de la pauvre femme et Germain mourut plus tranquille, le lendemain. Quatre de ses camarades s'entendirent pour tenir la promesse faite. A eux quatre, ils firent passer chaque mois à la mère de Germain ce que son fils avait l'habitude de lui envoyer, et par un sentiment qui les honore, reconnaissant que la nouvelle de la mort de son cher Germain pourrait lui être funeste, ils résolurent de ne pas la lui annoncer, laissant croire ainsi à la pauvre mère que les secours qu'elle continuait à recevoir provenaient toujours de son fils. Ces dignes ouvriers tenaient leur bonne action dans le plus grand secret, et ce n'est qu'à la mort de la mère de Germain qu'on a pu savoir ce qu'ils avaient fait. Mais Dieu n'a point oublié leur bonne œuvre !

84. La Récompense.

Le calife Haraoun-al-Raschid[1] rencontra un jour à la chasse un vieillard qui plantait un noyer. « Quel « fou ! dit le calife à sa suite ; il fait comme s'il était « encore jeune, et qu'il dût recueillir les fruits de cet « arbre. » Les courtisans rirent comme lui de ce vieillard. Le calife marcha à lui, et lui demanda son âge : « Quatre-vingts ans passés, seigneur, répondit-il ; « mais, Dieu merci, je me porte aussi bien que per- « sonne.

— « Combien de temps comptes-tu donc vivre en- « core, poursuit le calife, pour planter à cet âge « des arbres qui rapportent si tard ? Pourquoi te fa- « tiguer ainsi inutilement ?

— « Seigneur, répondit le vieillard, je me con-

---

[1] Célèbre *calife* (nom des souverains successeurs de Mahomet) né en 765, mort en 809. Il fit de grandes conquêtes en Asie, encouragea les lettres et les arts et sollicita l'alliance de Charlemagne.

« tente de planter des arbres, sans m'embarrasser si
« les fruits seront pour moi ou pour un autre ; il est
« juste que nous fassions comme ont fait nos pères.
« Ils ont planté les arbres dont nous avons mangé
« les fruits ; puisque nous avons profité de leur tra-
« vail, pourquoi serions-nous plus avares à l'égard
« de notre postérité qu'ils ne l'ont été pour nous?
« Ce qui ne sera pas récolté par le père, le sera par
« le fils. »

Le généreux Haraoun, charmé de cette réponse,
lui donne une poignée de pièces d'or. « Eh bien ! dit
« le joyeux vieillard, qui peut dire que j'ai travaillé
« inutilement aujourd'hui, puisque l'arbre que je
« plante rapporte dès le premier jour de si beaux
« fruits? Il est donc vrai que celui qui fait le bien
« en est récompensé, souvent même en ce monde. »

---

85. Rapidité de la vie.

La vie humaine est semblable à un chemin dont
l'issue est un précipice affreux : on nous en avertit
dès le premier pas; mais la loi est prononcée, il faut
avancer toujours. Je voudrais retourner sur mes
pas; marche, marche! Un poids invincible, une force
irrésistible nous entraînent ; il faut sans cesse avancer
vers le précipice. Mille traverses, mille peines nous
fatiguent et nous inquiètent dans la route : encore
si je pouvais éviter ce précipice affreux! Non, non;

il faut marcher, il faut courir : telle est la rapidité des années. On se console pourtant, parce que de temps en temps on rencontre des objets qui nous divertissent, des eaux courantes, des fleurs qui passent. On voudrait s'arrêter : marche, marche ! Et cependant on voit tomber derrière soi tout ce qu'on avait passé : fracas effroyable, inévitable ruine ! On se console parce qu'on emporte quelques fleurs cueillies en passant, qu'on voit se faner du matin au soir, quelques fruits, qu'on perd en les goûtant ; enchantement ! Toujours entraîné, tu approches du gouffre : déjà tout commence à s'effacer : les jardins moins fleuris, les fleurs moins brillantes, leurs couleurs moins vives, les prairies moins riantes, les eaux moins claires ; tout se ternit, tout s'efface : l'ombre de la mort se présente ; on commence à sentir l'approche du gouffre fatal. Mais il faut aller sur le bord ; encore un pas. Déjà l'horreur trouble les sens, la tête tourne, les yeux s'égarent ; il faut marcher. On voudrait retourner en arrière, plus de moyen : tout est tombé, tout est évanoui, tout est échappé.

---

86. L'Exilé.

Il s'en allait errant sur la terre. Que Dieu guide le pauvre exilé !

J'ai passé à travers les peuples, et ils m'ont regardé et je les ai regardés, et nous ne nous sommes point reconnus. L'exilé partout est seul.

Lorsque je voyais, au déclin du jour, s'élever du creux d'un vallon la fumée de quelque chaumière, je me disais : Heureux celui qui retrouve le soir le foyer domestique, et s'y assied au milieu des siens! L'exilé partout est seul.

Où vont ces nuages que chasse la tempête? Elle me chasse comme eux, et qu'importe où? L'exilé partout est seul.

Ces arbres sont beaux, ces fleurs sont belles; mais ce ne sont point les fleurs ni les arbres de mon pays : ils ne me disent rien. L'exilé partout est seul.

Ce ruisseau coule mollement dans la plaine; mais son murmure n'est pas celui qu'entendit mon enfance : il ne rappelle à mon âme aucun souvenir. L'exilé partout est seul.

Ces chants sont doux, mais les tristesses et les joies qu'ils réveillent ne sont ni mes tristesses ni mes joies. L'exilé partout est seul.

On m'a demandé : Pourquoi pleurez-vous? Et quand je l'ai dit, nul n'a pleuré, parce qu'on ne me comprenait point. L'exilé partout est seul.

J'ai vu des vieillards entourés d'enfants comme l'olivier de ses rejetons; mais aucun des vieillards ne m'appelait son fils, aucun de ces enfants ne m'appelait son frère. L'exilé partout est seul.

J'ai vu des jeunes filles sourire, d'un sourire aussi

pur que la brise du matin, à celui que leur amour s'était choisi pour époux ; mais pas une ne m'a souri. L'exilé partout est seul.

J'ai vu des jeunes hommes, poitrine contre poitrine, s'étreindre comme s'ils avaient voulu de deux vies ne faire qu'une vie ; mais pas un ne m'a serré la main. L'exilé partout est seul.

Il n'y a d'amis, d'épouses, de pères et de frères que dans la patrie. L'exilé partout est seul.

Pauvre exilé ! cesse de gémir ; tous sont bannis comme toi : tous voient passer et s'évanouir pères, frères, épouses, amis.

La patrie n'est point ici-bas ; l'homme vainement l'y cherche ; ce qu'il prend pour elle n'est qu'un gîte d'une nuit !

Il s'en va errant sur la terre. Que Dieu guide le pauvre exilé !

---

87. Le Chef-d'œuvre inconnu.

Un jour Rubens [1], parcourant les environs de Madrid, entra dans un couvent de règle fort austère, et remarqua, non sans surprise, dans le chœur pauvre et humble du monastère, un tableau qui révélait le talent le plus sublime. Cette peinture représentait la

---

[1] Peintre célèbre, homme d'État habile, d'une instruction profonde et variée, Rubens avait tout ce qui peut faire briller dans le monde ; il fut comblé d'honneurs et de richesses. Il était né à Cologne en 1577 ; il mourut en 1640.

mort d'un moine Rubens appela ses élèves, leur montra le tableau, et tous partagèrent son admiration.

« Et quel peut être l'auteur de cette œuvre ? » demanda Van Dyck [1], l'élève favori de Rubens.

« Un nom était écrit au bas du tableau, mais on l'a soigneusement effacé, » répondit Van Thulden.

Rubens fit engager le prieur à venir lui parler, et demanda au vieux moine le nom de l'artiste auquel il devait son admiration.

« Le peintre n'est plus de ce monde.

— Mort ! s'écria Rubens, mort !... Et personne ne l'a connu jusqu'ici, personne n'a redit avec admiration son nom, qui devait être immortel ; son nom devant lequel s'effacerait le mien peut-être ! et pourtant, ajouta l'artiste avec un noble orgueil, pourtant, mon père, je suis Paul Rubens. »

A ce nom, le visage pâle du prieur s'anima d'une chaleur inconnue ; ses yeux étincelèrent, et il attacha sur Rubens des regards où se révélait plus que de la curiosité ; mais cette exaltation ne dura qu'un moment. Le moine baissa les yeux, croisa sur sa poitrine les bras qu'il avait élevés vers le ciel dans un moment d'enthousiasme, et il répéta :

« L'artiste n'est plus de ce monde.

— Son nom, mon père, son nom ? que je puisse

---

[1] Van Dyck, Van Thulden et Jacques Jordaens, élèves de Rubens, acquirent aussi une grande célébrité.

l'apprendre à l'univers, que je puisse lui donner la gloire qui lui est due! » Et Rubens, et Van Dyck, Jacques Jordaens, Van Thulden, ses élèves, j'allais presque dire ses rivaux, entouraient le prieur, et le suppliaient instamment de leur nommer l'auteur de ce tableau.

Le moine tremblait; une sueur froide coulait de son front sur ses joues amaigries, et ses lèvres se contractaient convulsivement, comme prêtes à révéler le mystère dont il possédait le secret.

« Son nom, son nom? » répéta Rubens.

Le moine fit de la main un geste solennel.

« Écoutez-moi, dit-il, vous m'avez mal compris : je vous ai dit que l'auteur de ce tableau n'était plus de ce monde; mais je n'ai point voulu dire qu'il fût mort.

— Il vit! il vit! Oh! faites-le-nous connaître! faites-le-nous connaître!

— Il a renoncé aux choses de la terre; il est dans un cloître, il est moine.

— Moine, mon père, moine! Oh! dites-moi dans quel couvent, car il faut qu'il en sorte. Quand Dieu marque un homme du sceau du génie, il ne faut pas que cet homme s'ensevelisse dans la solitude. Dieu lui a donné une mission sublime : il faut qu'il l'accomplisse. Nommez-moi le cloître où il se cache, et j'irai l'en retirer et lui montrer la gloire qui l'attend! S'il me refuse, je lui ferai ordonner, par notre saint père le pape, de rentrer dans le monde, et de reprendre ses pinceaux. Le pape m'aime, mon père ; le pape écoutera ma voix.

— Je ne vous dirai ni son nom ni le cloître où il s'est réfugié, répliqua le moine d'un ton résolu.

— Le pape vous en donnera l'ordre, s'écria Rubens exaspéré.

— Écoutez-moi, dit le moine, écoutez-moi, au nom du ciel ! croyez-vous que cet homme, avant de quitter le monde, avant de renoncer à la fortune et à la gloire, n'ait point fortement lutté contre une résolution semblable ? Croyez-vous qu'il n'ait point fallu d'amères déceptions, de cruelles douleurs, pour qu'il reconnût enfin, dit-il, en se frappant la poitrine, que tout ici-bas n'était que vanité ! Laissez-le donc mourir dans l'asile qu'il a trouvé contre le monde et ses désespoirs. Du reste, vos efforts n'aboutiraient à rien ; c'est une tentation dont il resterait victorieux, ajouta-t-il en faisant le signe de la croix ; car Dieu ne lui retirera point son aide ; Dieu, qui dans sa miséricorde a daigné l'appeler à lui, ne le chassera point de sa présence.

— Mais, mon père, c'est à l'immortalité qu'il renonce.

— L'immortalité n'est rien en présence de l'éternité. » Et le moine rabattit son capuchon sur son visage, et changea d'entretien, de manière à empêcher Rubens d'insister davantage.

Le célèbre Flamand sortit du cloître avec son

brillant cortége d'élèves, et tous retournèrent à Madrid, rêveurs et silencieux.

Le prieur, rentré dans sa cellule, se mit à genoux sur la natte de paille qui lui servait de lit, et fit à Dieu une fervente prière.

Ensuite, il rassembla des pinceaux, des couleurs et un chevalet gisant dans sa cellule, et les jeta dans la rivière qui passait sous ses fenêtres. Il regarda quelque temps avec mélancolie l'eau qui entraînait ces objets avec elle.

Quand ils eurent disparu, il vint se remettre en oraison sur la natte de paille, devant son crucifix de bois.

---

88. Réflexions morales à la vue d'un champ de blé.

Venez, et voyez combien la vue de ces champs peut vous inspirer encore de salutaires pensées. Ce champ était naguère exposé à de grands dangers : des vents impétueux soufflaient autour de lui, et souvent l'orage menaçait d'abattre et de briser tous les épis qui le couronnent; cependant la Providence l'a conservé jusqu'à ce jour. Ainsi la tempête des afflictions menace souvent de nous renverser; mais cette tempête même est nécessaire; elle nous purifie, et sert à déraciner l'ivraie du vice.

Vers le temps de la moisson le blé mûrit très-vite : la rosée, la chaleur du soleil, des pluies bienfaisantes, se réunissent pour en hâter la maturité. Ah! puissé-je de jour en jour mûrir pour le ciel! puissé-je rapporter à cette fin salutaire tous les événements de ma vie!

Tous les grains qui doivent être moissonnés ne sont pas également bons : combien d'ivraie et d'herbes inutiles mêlées avec le froment! Tel est l'état du chrétien en ce monde; il trouve toujours en lui un mélange de bonnes et de mauvaises qualités, et sa corruption naturelle, triste et funeste ivraie, ne nuit que trop souvent aux progrès de la vertu.

Un champ de blé est non-seulement l'image d'un chrétien, il l'est de toute l'Église. Souvent, par leurs exemples, les impies et les méchants sèment l'ivraie parmi la bonne semence. Le grand propriétaire du champ permet que cette ivraie demeure : il use de patience; il attend; et ce ne sera qu'au temps de la moisson, au jour redoutable des rétributions et des vengeances, qu'il laissera un libre cours à sa justice.

Voyez enfin avec quel empressement l'habitant des campagnes accourt, pour recueillir les biens de la terre : la faux tranche tout devant lui. Ainsi la mort abat tout, les grands et les petits, les saints et les pécheurs.

Mais quel bruit se fait entendre! Ce sont des cris de joie et d'allégresse, à la vue d'une abondante moisson. Ah! que ce soient aussi des cris de louanges et d'actions de grâces pour les bontés du Dieu de qui procèdent tant de biens ! Quel sera notre ravissement dans le grand jour de la moisson ! de quels sentiments nos cœurs seront inondés, lorsque nous nous verrons dans la bienheureuse société des esprits célestes ! Alors nous nous rappellerons nos anciens travaux, les peines, les dangers et les tempêtes que nous aurons essuyés ; et nos voix se réuniront pour bénir le père bienfaisant qui aura veillé sur nous.

Que la vue des campagnes nous rappelle souvent ces champs où Dieu dépose une autre semence. Les corps humains ensevelis dans la terre sont aussi des germes : leur destination est de croître et de mûrir pour la moisson de l'éternité. En considérant un grain de froment, avais-je lieu de m'attendre à en voir sortir l'épi, dont cependant les parties essentielles s'y trouvaient renfermées? Je comprends moins encore comment, de mon corps réduit en poussière, proviendra un corps glorifié, quoique la matière en soit peut-être déjà renfermée dans ce corps terrestre ; mais j'attends, avec un doux espoir, le temps de la récolte, et le fruit des promesses ainsi que des mérites de mon Rédempteur.

---

89. La Graine de semence.

Deux voyageurs traversaient ensemble un pays magnifique ; comme ils se reposaient dans une hôtellerie, le tocsin se fit entendre tout à coup, et les cris qui retentissaient dans la rue leur apprirent qu'un incendie venait d'éclater dans le village. Alors l'un des voyageurs se leva promptement, et jeta son bâton, ainsi que le sac de voyage qui couvrait ses épaules, pour courir et porter des secours en toute hâte. Cependant son compagnon s'efforça de le retenir, et lui dit : « Allons-nous donc retarder notre voyage pour cet événement? Est-ce qu'il n'y a pas assez de bras, dans ce village, pour porter les secours nécessaires? Qu'est-ce que cela nous fait, à nous qui sommes étrangers? »

Le premier, n'écoutant pas ces paroles, et obéissant à l'impulsion de son cœur, se précipita vers la maison qui était en flammes, et l'autre, l'ayant suivi, se tenait derrière la foule et regardait de loin.

Le généreux étranger trouva, devant la maison incendiée, une mère éplorée qui s'écriait : « Mes enfants, mon Dieu! mes pauvres enfants! » Aussitôt qu'il eut entendu ces paroles, il se jeta dans la maison embrasée, au milieu des poutres qui craquaient en se détachant, et des flammes qui l'entouraient de toutes parts. Alors tout le peuple qui était présent s'écria : « Il est perdu! »

Après quelques instants d'attente et d'anxiété, on le vit reparaître avec les cheveux brûlés, et portant dans ses bras les deux enfants, qu'il rendit à leur mère. Celle-ci embrassa ses enfants avec effusion, et se jeta aux pieds de l'étranger, qui la releva aussitôt. A l'instant même la maison s'écroula tout entière.

Quand ensuite les deux voyageurs se retrouvèrent à l'auberge, celui qui était resté inactif dit à l'autre : « Qui a pu t'inspirer une action aussi hardie?

— Celui-là même, répondit-il, qui m'a appris à confier à la terre la graine de semence, pour qu'elle y pourrisse et produise ensuite un nouveau fruit.

— Mais si tu avais été enseveli sous les décombres de la maison?

— Eh bien! j'aurais été alors la graine de semence : je serais mort pour renaître au ciel. »

---

90. Le pauvre Lazare.

Un jour que le pauvre Lazare était couché à la porte du riche, et que les chiens léchaient ses plaies, un artisan, nommé Zadoch, passa par là et vit Lazare dans sa misère; il en fut ému de pitié, et, s'avançant vers lui, il lui dit : « Je ne puis rien te donner, car je suis pauvre comme toi, et j'ai beaucoup d'enfants à nourrir; mais au moins n'ai-je point d'ulcères; laisse-moi donc partager le soin de ta personne avec les animaux qui, seuls, ont pitié de toi, afin qu'ils ne me fassent pas rougir plus longtemps. »

Ainsi parla l'ouvrier charitable, et une larme brillait dans ses yeux. Puis il tendit la main à Lazare : « Viens avec moi, lui dit-il, j'ai une cabane; nous t'y soignerons autant que nous pourrons, et quand il n'y aura plus rien à la maison, j'irai recueillir pour toi les miettes de la table du riche.

— Je te suis avec plaisir, répondit Lazare en prenant sa main ; car tu as été choisi à cause de ton cœur pour m'ouvrir le ciel et pour adoucir les derniers moments de mon existence. Je n'ai plus besoin que de peu de chose ; mais je ne veux point te priver de cette bénédiction. »

Ils s'en allèrent ensemble, et arrivèrent à une cabane éloignée, couverte de roseaux, où Zadoch fit entrer Lazare. « Sois le bienvenu ! » lui dit Hanna, la femme de Zadoch, et elle lui prépara un lit de feuilles et de mousse, où ils le couchèrent ; puis elle lui apporta un vase plein de lait, l'engageant à en boire.

« Donnez-moi de l'eau, dit Lazare, car j'ai bien soif, et mon corps est tout en feu. » Hanna courut à la source, et rapporta de l'eau fraîche, pendant que Zadoch rafraîchissait les joues du malade avec une branche verte d'olivier, qu'il agitait autour de sa tête.

Lazare s'endormit profondément, car il faisait très-chaud, et c'était l'heure de midi. Tandis qu'il sommeillait, Zadoch et Hanna écartaient les mouches, et faisaient du frais autour de lui. Lazare souriait en dormant. « Ah ! puisse-t-il guérir chez nous ! » se dirent les deux époux à voix basse.

Lazare dormit quelques heures. Au déclin du jour,

il s'éveilla, ouvrit les yeux, et dit : « Époux charitables, comme vous avez soin de moi! Jamais je n'ai joui d'un plus doux sommeil qu'au milieu de vous, dans votre cabane. J'ai rêvé que j'étais porté par les anges, et n'est-ce pas une réalité? L'homme de bien n'est-il pas un ange de Dieu sur la terre? Mon cœur est plein de calme et de félicité; aussi je sens que l'heure de mon départ est venue; car la dernière heure du pauvre est pour lui un pressentiment, un commencement de la vie du ciel. »

A ces mots, Lazare tendit la main à Zadoch et à Hanna, puis il s'endormit avec un visage serein, et les saints anges portèrent son âme au séjour des bienheureux. Zadoch et Hanna le pleurèrent, et l'ensevelirent en silence.

L'esprit de Lazare devint, depuis ce temps, l'ange gardien de Zadoch et de sa femme, et le jour où ils quittèrent le monde, il planait autour de leur lit de mort; un air agréable rafraîchissait leur visage, et ils entendirent une douce voix qui murmurait : « Celui qui exerce la miséricorde la recevra. »

***

91. Le Cep de vigne.

M. de Surgy était allé, dans le printemps, se promener à la campagne, avec Julien, son fils. Déjà fleurissaient la violette et la primevère; et plusieurs arbres s'étaient déjà parés d'une verdure naissante et de fleurs blanches et incarnat. Ils allèrent sous une treille, du pied de laquelle s'élevait un cep de vigne rude et tortu, qui étendait tristement ses bras dépouillés. « Mon papa, s'écria Julien, voyez ce vilain arbre qui me fait des cornes! pourquoi ne pas l'arracher et en chauffer le four de Mathurin ? » Et aussitôt il se mit à le tirailler pour l'enlever de terre; mais ses racines l'y tenaient trop fortement attaché. « Ne le tourmente pas, dit à son fils M. de Surgy : je veux qu'il reste; quand il sera temps, je te dirai mes raisons.

JULIEN. Mais, mon papa, voyez à côté ces fleurs brillantes des amandiers et des pêchers. Pourquoi ne s'est-il pas aussi bien paré, s'il veut qu'on le garde ! Il gâte et attriste tout le jardin. Voulez-vous que je dise à Mathurin de venir l'arracher ?

M. DE SURGY. Non, mon fils, je veux qu'il reste sur pied, au moins quelque temps encore.

Julien persistait à le condamner : son père tâcha de détourner son attention; et le malheureux cep de vigne fut oublié.

M. de Surgy partit le lendemain pour une ville éloignée, et ne revint qu'en automne.

Son premier soin fut d'aller visiter sa maison de campagne : il y mena encore son fils. Le soleil était fort chaud; ils allèrent se mettre à l'abri sous la treille.

« Ah ! mon papa, dit Julien, quelle belle verdure ! Je vous remercie d'avoir fait arracher ce vilain bois desséché, qui me faisait tant de peine à voir ce printemps, et d'avoir mis à la place ce charmant arbrisseau pour me causer une agréable surprise. Quels fruits ravissants ! Voyez ces belles grappes, les unes violettes et les autres noires. Il n'y a pas un seul arbre dans tout le jardin qui fasse une aussi belle figure. Ils ont tous perdu leur fruit ; mais lui, voyez comme il en est couvert ; je voudrais bien savoir s'il est aussi bon qu'il me paraît beau. » M. de Surgy lui en donna une grappe à goûter : c'était du muscat. Ses transports recommencèrent, lorsque son père lui apprit que c'était de ces graines qu'on exprimait la liqueur délicieuse dont il goûtait quelquefois au dessert.

« Te voilà tout étonné, mon fils, lui dit M. de Surgy ; je te surprendrais bien davantage, si je te disais que c'est là cet arbre qui te faisait les cornes au printemps. Je vais, si tu veux, dire à Mathurin de l'arracher pour en chauffer son four. »

Julien. Oh ! gardez-vous en bien, mon papa ; qu'il prenne les autres plutôt que celui-ci.

M. de Surgy. Tu vois, Julien, que j'ai bien fait de n'avoir pas suivi ton conseil. Ce qui t'est arrivé arrive souvent dans la vie. On voit un enfant mal vêtu et d'un extérieur peu agréable ; on le méprise, on s'enorgueillit en se comparant à lui, on pousse même la cruauté jusqu'à lui tenir des discours insultants. Garde-toi, mon fils, de ces jugements précipités. Dans ce corps peu favorisé de la nature, réside peut-être une âme élevée qui étonnera le monde par ses vertus, ou qui l'éclairera par ses lumières. C'est une tige grossière, mais qui porte les plus beaux fruits.

92. Le Boiteux.

I

Non, ce n'est pas bien, mes petits amis. Hier, je vous ai vus vous moquer de Mathieu, parce qu'il est boiteux et a la jambe tortue. On ne doit se moquer de personne, ni reprocher aux autres leurs infirmités : elles ne sont ni une faute ni un péché. Vous êtes sains, droits, bien dispos ; y a-t-il là grand mérite à vous ? C'est Dieu qui vous a faits ainsi, et vous devez l'en remercier. Si pourtant vous étiez nés ou devenus estropiés, louches, bossus, y aurait-il eu de votre faute ? C'est punir quelqu'un sans crime ni délit.

Croyez-le, c'est une chose odieuse, et qui mérite d'être sévèrement punie, qu'un reproche adressé à quelqu'un sur ses défauts corporels ; car n'est-ce pas lui montrer du mépris et de la malveillance, tandis que chacun désire inspirer aux autres estime et affection ?

Au lieu donc de manquer d'égards pour ces pauvres créatures, ayez pour elles plus de bienveillance, comme on le doit pour tous ceux qui sont atteints d'un malheur ; et s'ils sont pauvres, secourez-les de meilleur cœur, puisqu'ils ont moins de moyens de s'aider eux-mêmes ; s'ils ne sont pas dans le besoin, évitez une parole, un geste, un clin d'œil, qui pourraient leur rappeler leur malheur ; s'ils sont vos camarades, ne les distinguez des autres qu'en les aimant encore mieux, en les consolant par vos marques d'attention, comme vous feriez pour encourager un malade.

Et puis savez-vous si ce corps chétif et contourné n'est point vivifié par une belle âme, par un brillant génie ? Combien d'hommes devenus fameux dans les sciences, dans la peinture, dans la législation ! combien d'excellents maîtres ou pères de famille ont été difformes et contrefaits ! Et pour cela vous voudriez les mépriser ? Certainement non. Vous devez les en estimer davantage ; car ils ont réparé le défaut de leur corps par les éclatantes qualités de leur esprit.

Aussi celui qui est affligé de quelque difformité doit-il y voir un motif de cultiver d'autant plus son esprit.

Alphonse et Sabine étaient frère et sœur. L'un avait un joli visage et un teint de rose ; l'autre était maigre, pâle, maladive, avec un petit corps chétif et déjeté, si bien qu'elle faisait peine à voir. Leur père leur fit présent à tous deux d'un miroir, en leur disant : « Regardez-vous là-dedans, afin que toi, Alphonse, « en remarquant la régularité de tes traits, tu t'ef- « forces de ne pas t'enlaidir par tes vices, et que toi,

« Sabine, tu travailles à donner à ton âme toute la
« beauté qui manque à ton corps. »

Dites-moi, mes petits amis, quand vous voyez
George, l'ancien soldat, assis sur son banc et fumant
sa pipe, vous vient-il à l'esprit de le mépriser ? Et
pourtant, le malheureux, il a une jambe de bois et il
lui manque un œil. Vous ne vous moquez pas de lui,
parce que vous savez qu'il a perdu sa jambe et son
œil avec honneur. La patrie attaquée était en péril :
George, ainsi que les autres jeunes gens, se fit soldat, comme chacun doit le faire quand la défense du
pays le demande. Il se battit en brave, et eut la satisfaction de voir l'ennemi repoussé et la patrie libre.
Il se console d'être ainsi mutilé, en songeant que ses
blessures sont le certificat de son courage. Il est revenu pauvre au pays, mais c'est à qui lui fera bon
accueil, l'appellera pour boire un coup, garnira son
buffet et lui fera conter ses batailles et ses prouesses,
ou celles de ses compagnons d'armes.

II

Et Mathieu le boiteux, dont vous avez ri hier, savez-vous qui c'est ?

A dix-huit ans, il était droit comme un fuseau et
ferme sur ses jambes autant que le mieux planté de
vous tous. Une nuit, il entend du bruit, le tocsin son-
nait, on courait. Il regarde à sa fenêtre et voit, près
de là, une maison toute en flammes. Et vite, et vite,

comme nous devons faire tous dans le danger de notre prochain, lui aussi il court à l'aide. Au milieu d'un tumulte de gens qui sauvent les meubles, qui scient des poutres, qui apportent de l'eau, il voit une pauvre femme se désoler et pleurer plus fort que tous. On venait de la sauver de l'incendie; mais qu'est-ce pour une mère de se voir sauvée, si son enfant reste en péril! L'enfant dormait dans une chambre près du toit; et ceux qui avaient songé à sauver la mère à demi morte n'avaient point songé à l'enfant. Vous avez tous une mère, vous savez combien elle vous aime, vous savez ce qu'elle ferait pour vous; aussi la payez-vous de l'amour le plus tendre et le plus empressé; je vous laisse donc à penser ce qu'éprouvait la pauvre mère, en voyant la flamme approcher de la chambre où dormait son enfant. Elle poussait des cris déchirants, elle embrassait les genoux de celui-ci, de cet autre, les conjurant par pitié, pour l'amour de Dieu, de sauver son fils. Tout le monde se sentait ému; mais qui se décidera jamais à s'aventurer dans cette ruine?

Qui? Mathieu le boiteux. Il voit la femme, il la comprend, il s'écrie : « A Moi! » Et saisissant une longue échelle, il l'applique au toit, là où la flamme a moins de furie. Et en avant! tout le monde de le suivre du regard et de crier : « Bravo! que Dieu te protége! » et de le recommander à la Vierge et à tous les saints du Paradis! mais plus qu'eux tous, la mère qui, tombée à genoux, les bras tendus vers lui, suit des yeux chacun de ses mouvements; le cœur glacé et la sueur au front, il ne lui échappa pas un souffle, pas un battement de paupière. Elle ne voit, elle n'entend rien, rien que le généreux Mathieu.

Et Mathieu monte, monte. Il arrive au toit, il entre par une lucarne; il reparaît par une fenêtre qu'il ouvre, il place l'enfant dans un panier qu'il descend à l'aide d'une corde.

Comme il battit, le cœur de la mère, quand elle vit l'enfant suspendu de la sorte au-dessus des flammes! Et puis quel transport dans ses caresses, dans ses baisers, quand elle peut enfin le toucher, le presser sur son sein, vivant encore et pas même effrayé : cet âge tendre devine-t-il le danger? On voyait bien que son ange gardien avait veillé sur lui et empêché la flamme de l'atteindre.

Bientôt Mathieu reparaît sur le toit, il regagne l'échelle. Mais les flammes avaient redoublé de furie, tout était en feu, jusqu'à l'échelle elle-même, qui s'abîma quand Mathieu n'était encore qu'à moitié descendu. Le malheureux tomba et se cassa une jambe.

Tant qu'il garda le lit, la mère ne le quitta pas d'un instant; mais elle ne pouvait l'aider d'un sou : l'incendie l'avait ruinée. Les gens du pays lui donnèrent des secours dans le premier moment; mais, plus tard, on l'oublia, et Mathieu est resté boiteux et pauvre, car il lui est difficile de travailler.

Et l'on se moquerait de lui, parce qu'il s'est cassé

la jambe en sauvant un enfant et en rendant la vie à une mère! Si vous en avez le courage, recommencez maintenant. Mais plutôt, pour montrer votre repentir et combien vous honorez sa belle action, portez-lui quelque secours, et dorénavant, en souvenir de lui : *Respectez les infirmes et ceux qui sont affligés de quelque difformité.*

---

93. Le général Cambronne.

I

Le célèbre Cambronne, un des plus braves généraux de l'Empire, commença sa carrière militaire par les grades les plus humbles.

Il était caporal en 1795, et en garnison à Nantes. Malgré sa jeunesse (il avait à peine vingt ans), il avait déjà contracté la déplorable habitude qui perd tant de nos soldats, l'habitude de boire et même de s'enivrer souvent.

Un jour, étant ivre, il s'oublia jusqu'à frapper un officier qui lui donnait un ordre. Il passa devant le conseil de guerre et fut condamné à mort, comme il est de règle en pareil cas. Il était puni par où il avait péché.

Le colonel de son régiment avait su cependant apprécier l'énergie, la bravoure et l'intelligence du jeune condamné. Il va trouver un représentant du peuple, commissaire du gouvernement, alors à Nantes, et lui demande la grâce de Cambronne.

« Impossible, répond le commissaire. Il faut un exemple; sans cela la discipline est perdue dans l'armée. Le caporal Cambronne mourra. »

Néanmoins le colonel insiste, et fait si bien qu'il obtient la grâce de son soldat, mais à une condition expresse, c'est que celui-ci *ne s'enivrera jamais plus de sa vie.*

Le digne colonel se rend à la prison militaire. Il fait venir Cambronne.

« Tu as commis une grande faute, caporal, lui dit-il.

— C'est vrai, mon colonel; aussi vous voyez où je suis. Je vais la payer de ma vie.

— Peut-être, dit le colonel.

— Comment? peut-être? Vous savez la rigueur de la loi militaire. Je n'ai point de grâce à attendre; je n'ai plus qu'à mourir.

— Non, mon ami; tu ne dois pas mourir encore. Je t'apporte cette grâce dont tu désespères; je l'ai arrachée à grand'peine au commissaire du gouvernement. Il te l'accorde et te rend même ton grade, mais à une condition.

— Une condition! Parlez, mon colonel, parlez! Je ferai tout pour sauver ma tête... et surtout pour sauver mon honneur!

— C'est à condition que tu ne te griseras jamais à l'avenir.

— Oh! mon colonel, ça c'est impossible!

— Comment, impossible! pour échapper à la mort! Tu vas être fusillé demain; penses-y donc!

— Voyez-vous, mon colonel, il faudrait pour que je ne m'enivrasse plus, que je ne busse jamais plus de vin; car Cambronne et la bouteille, ça s'aime tant, qu'une fois que c'est commencé, il faut que cela finisse. Impossible de s'arrêter! Je ne peux donc pas promettre de ne plus me griser.

— Mais, malheureux, ne peux-tu pas promettre de ne plus boire de vin?

— Plus du tout?

— Sans doute.

— Hum! c'est une grande affaire que vous me proposez là, mon colonel. Ne plus boire de vin... ne plus jamais, jamais boire! » Et il baissa la tête.

« Mais, mon colonel, si je vous promettais de ne plus boire de vin de ma vie, qui est-ce qui vous garantirait cette promesse?

— Ta parole d'honneur. Je n'ai pas besoin d'autre chose. Je te connais et je sais que quand tu la donnes tu n'y manques pas. »

Et comme le condamné baissait encore la tête, sans rien dire. « Eh bien! Cambronne? que choisis-tu?...

— Vous êtes trop bon pour moi, mon colonel, lui répond Cambronne, d'un ton grave et pénétré. Merci de votre confiance; je l'apprécie plus encore que la grâce que vous m'apportez... Dieu nous entend. » Et levant la main : « Moi, Cambronne, je jure que jamais de ma vie une goutte de vin ne touchera mes lèvres... Êtes-vous content, mon colonel ?

— Oui, mon ami, lui dit celui-ci ému et heureux de ce qu'il venait d'entendre. Oui, je suis content de toi. Demain, tu seras libre. Sois un brave soldat, et emploie au service de la patrie la vie qu'elle te rend aujourd'hui. »

II

Le lendemain, le caporal Cambronne rentra au corps et reprit son service.

Vingt-cinq ans après, le *caporal* Cambronne était devenu le *général* Cambronne ; il avait commandé la vieille garde impériale à Waterloo [1], et avait déployé un merveilleux courage dans cette retraite héroïque que chacun connaît.

Rentré dans ses foyers après la chute de l'Empire, il vivait paisiblement à Paris, aimé et honoré de tous.

Son ancien colonel, brisé par l'âge et plus encore par les fatigues du service, s'était, lui aussi, retiré

[1] *Waterloo*, village de Belgique, à 16 kilomètres de Bruxelles. Il a donné son nom à la bataille tristement célèbre, livrée le 18 juin 1815, entre les Français et les alliés (Anglais, Prussiens, etc.). Cambronne, qui commandait là une division de la vieille garde, déploya comme toujours un courage indomptable. Sommé de se rendre, alors que ses soldats tombaient, écrasés sous le nombre, il fit cette réponse héroïque : « La garde meurt et ne se rend pas. »

dans sa famille. Il sut que le général Cambronne était à Paris, et il voulut un jour l'inviter à dîner. Il convoqua plusieurs vieux frères d'armes, et leur prépara le meilleur repas qu'il pût imaginer. La place d'honneur fut pour Cambronne, à droite du maître de la maison.

Étant à table, celui-ci offre à son hôte un verre de vieux vin, d'un prix très-élevé et conservé précieusement pour les grandes occasions. Cambronne regarde le colonel, et avec surprise et vivacité : « Que me présentez-vous là? lui dit-il.

— Mais du vin du Rhin, mon général; et du fameux encore; il a plus de cent ans; vous n'en trouverez guère de semblable à Paris. » Et comme Cambronne semblait s'irriter de ces paroles. « Mais, mon général, je vous assure qu'il est excellent. Goûtez plutôt et vous...

— Et ma parole d'honneur, mon colonel; ma parole d'honneur! s'écrie Cambronne, en frappant sur la table. Et Nantes! et la prison! et la grâce! et mon serment! Avez-vous donc oublié tout cela, mon excellent ami? Pour qui prenez-vous Cambronne? Depuis ce jour, pas une goutte de vin n'a touché mes lèvres. Je vous l'avais juré, et j'ai tenu ma parole. »

Le colonel, admirant cette énergique fidélité, se garda bien d'insister, et s'applaudit une fois de plus d'avoir conservé un tel homme à la France.

On se corrige de ses vices quand on le veut. Le

mot *impossible* n'est pas français. Il est encore moins chrétien. — *Tout est possible à qui veut* **FORTEMENT.**

———

94. Le Brave homme.

Que la chanson du brave homme retentisse au loin, comme le son des orgues et le bruit des cloches! L'or n'a pu payer son ouvrage, qu'une chanson en soit la récompense! Je remercie Dieu de m'avoir accordé le don de louer et de chanter, pour louer et chanter ce brave homme.

Un vent impétueux vint un jour de la mer et tourbillonna dans nos plaines; les nuages fuyaient devant lui comme devant le loup les troupeaux. Il balayait les champs, jonchait les feuilles des forêts, et chassait de leur lit les fleuves et les lacs. Il fondit les neiges des montagnes et les précipita en torrents dans la plaine. Les rivières s'enflèrent alors, et bientôt tout le pays plat n'offrit plus que l'aspect d'une mer dont les vagues effrayantes roulaient des rocs déracinés.

Il y avait dans la vallée un pont jeté entre deux rochers, soutenu par d'immenses arcades, et au milieu une petite maison que le gardien du pont habitait avec sa femme et ses enfants. « Gardien du pont, sauve-toi vite! » — L'inondation menaçante montait toujours; l'ouragan et les vagues hurlaient déjà plus fort autour de la maison. Le gardien monta sur le toit, jeta en bas un regard de désespoir : « Dieu de miséricorde ! au secours!... nous sommes perdus... au secours! » Les glaçons roulaient l'un sur l'autre, les vagues jetaient sur les rives les piliers arrachés au pont, dont elles ruinaient à grand bruit les arches de pierre. Mais le gardien tremblant, avec sa femme et ses enfants, criait plus haut que les vagues et l'ouragan. — Les glaçons roulaient l'un sur l'autre çà et là vers les rives, et aussi les débris du pont ruiné par les vagues, et dont la destruction totale approchait. « Ciel miséricordieux, au secours! » — Le rivage éloigné était couvert d'une foule de spectateurs, hommes, enfants, femmes, et chacun criait et tendait les mains; mais personne ne voulait se dévouer pour secourir ces malheureux. Et le gardien tremblant, avec ses enfants et sa femme, criait plus fort que l'ouragan.

Quand donc retentiras-tu, chanson du brave homme, aussi haut que le son des orgues et le bruit des cloches? Dis enfin son nom, répète-le, ô le plus beau de tous mes chants!... La destruction totale du pont approche... Brave homme, brave homme, montre-toi!

Voici un comte qui vient au galop, un noble comte qui vient sur son grand cheval. Qu'élève-t-il avec la main? une bourse bien pleine et ronde. « Deux cents pistoles à qui sauvera ces malheureux. » Quel est le brave homme? Est-ce le comte? Dis-le, mon noble chant, dis-le. Le comte, par Dieu, était brave; mais j'en sais un plus brave que lui. O brave homme, brave homme, montre-toi! L'eau entraîne toujours les piliers du pont et en ruine les arches à grand bruit. — « Oh! oh! vite au secours! » Et le comte montre de nouveau sa récompense. Chacun entend, chacun a peur, personne ne sort de l'immense foule. En vain le gardien du pont, avec ses enfants et sa femme, criait plus haut que les vents et l'ouragan. — Tout à coup passe un paysan portant le bâton de voyage, couvert d'un habit grossier, mais d'une taille et d'un aspect imposants. Il entend le comte, voit ce dont il s'agit, comprend l'imminence du danger.— Invoquant le secours du ciel, il s'est jeté dans la première nacelle, et brave le tourbillon, l'orage et le choc des vagues. Il parvient heureusement auprès de ceux qu'il veut sauver. Hélas! l'embarcation est trop petite pour les contenir tous. — Trois fois il fit le trajet, malgré le tourbillon, l'orage et le choc des vagues, et trois fois il ramena à bord la nacelle, jusqu'à ce qu'il les eût sauvés tous. A peine les derniers y arrivèrent-ils que les restes du pont achevèrent de s'écrouler.

Quel est donc, quel est ce brave homme? dis-le, mon noble chant, dis-le. Mais peut-être est-ce seulement au son de l'or qu'il vient de hasarder sa vie; car il était sûr que le comte tiendrait sa promesse, et il n'était pas sûr que le paysan perdît la vie. — « Viens ici, s'écria le comte, viens ici, mon brave ami! voici la récompense promise; viens et reçois-la.

— Ma vie n'est pas à vendre pour de l'or; je suis pauvre, mais je puis vivre. Donnez votre or au gardien du pont, car il a tout perdu. » Le paysan dit ces mots d'un ton ferme et modeste tout ensemble, ramassa son bâton, et partit.

95. Le Repentir.

Un homme de la campagne avait de ses propres mains planté des arbres de la meilleure espèce. A sa grande joie il les vit porter leurs premiers fruits, et il lui tardait beaucoup de voir comment ils seraient.

Cependant le fils du voisin, un mauvais petit garçon, vint à passer auprès de ces arbres et entraîna l'enfant du propriétaire à secouer les branches encore jeunes et à dérober tous les fruits avant qu'ils ne fussent mûrs.

Et lorsque le maître revint et vit ses arbres ainsi dépouillés, il en conçut du chagrin et dit : « Ah! pourquoi m'a-t-on fait cela? Ce sont sans doute les mauvais garçons qui m'ont ainsi enlevé ce que j'attendais avec joie. »

Ces paroles allèrent au cœur de son fils, et il courut vers celui qui l'avait engagé à commettre cette faute et lui dit : « Mon père est affligé de ce que nous avons fait, et à présent je ne suis plus tranquille. Mon père ne m'aimera plus et me punira par son mépris, comme je le mérite. »

Et l'autre lui répondit : « Fou que tu es, ton père

ne sait pas qui a volé ses fruits et ne peut pas le savoir. Ne songe donc qu'à le lui tenir toujours caché. »

Mais Benjamin, ainsi s'appelait l'enfant du propriétaire, revint à la maison et retrouva le visage plein de bonté de son père ; et il n'osait plus le regarder ; car il pensait : « Comment pourrais-je le voir avec joie, moi qui l'ai affligé ? Je n'ose même pas voir au dedans de moi, il y a comme une ombre épaisse sur mon cœur. »

Mais le père s'avança au milieu de ses enfants et leur donna à chacun quelque fruit, et à Benjamin comme à ses frères. Alors les enfants se mirent à sauter de joie, et à manger, et Benjamin cependant cacha son visage entre ses mains et pleura amèrement.

Son père l'aperçut, et, le prenant entre ses bras, lui dit : « Mon fils, pourquoi pleures-tu ? — Ah ! répondit Benjamin, je ne mérite plus que tu m'appelles ton fils. Je ne puis supporter plus longtemps de paraître à tes yeux autre que je ne suis. Mon bon père, ne me fais plus de bien, mais punis-moi, afin qu'ensuite j'ose encore revenir à toi, et que je cesse de me tourmenter moi-même. Fais donc que j'expie durement ma faute ; car, vois-tu, c'est moi qui ai volé les fruits de tes jeunes arbres. »

Et quand il eut parlé ainsi, son père le serra contre son cœur et lui dit : « Je te pardonne, mon enfant. Dieu veuille que ce soit ici la première et la dernière fois que tu aies quelque chose à cacher ; alors je ne regretterai pas les fruits de mes arbres. »

96. Mon grand-père.

Lorsque chaque année, après les vacances, je me préparais à repartir de mon village pour aller à la ville reprendre mes études, mon grand-père m'emmenait dans sa chambre, et là garnissait mon boursicaut de quelque argent, destiné à mes petites dépenses, à m'acheter un livre ou à me procurer un honnête divertissement ; après quoi il me disait : « Mon enfant, tu commences la vie, et moi je l'ai à peu près achevée. Quand tu reviendras au pays, Dieu sait si tu me trouveras encore vivant. Quoi qu'il arrive pourtant, bénissons le Seigneur, qui fait tout pour notre plus grand bien. Mais quand tu seras loin de moi, et après ma mort, fais en sorte de demeurer toujours tel que tu aurais désiré paraître à mes yeux ; quand tu te prépareras à quelque action, pense à ces quatre choses : DIEU ME VOIT ; — QUE ME SEMBLERAIT-IL DE CETTE ACTION, SI JE LA VOYAIS FAIRE A UN AUTRE ? — QU'ARRIVERAIT-IL SI TOUT LE MONDE LA FAISAIT ? — QUE DIRAIT MON GRAND-PÈRE S'IL LA SAVAIT ? »

Puis il me faisait mettre à genoux... Rien qu'à ce souvenir les larmes me viennent aux yeux. Je l'ai là devant moi, comme si c'était hier, cet excellent vieillard, alors que, levant les yeux au ciel, son bonnet ôté et sa tête chauve découverte, il posait sur la mienne ses mains étendues et me donnait sa bénédiction.

Il me semblait que cette bénédiction m'eût rendu plus fort et capable de tout ce qui peut se faire de bien. Par cette bouche, il semblait que Dieu m'eût parlé. Ces conseils demeuraient toujours dans mon esprit ; et l'occasion se présentait-elle de faire une bonne action, je me disais : *Si je fais cela, grand-père me bénira.*

Oh! la bénédiction des vieillards, combien elle est précieuse! qu'il y a de sagesse dans leurs conseils! Enfants, si dans votre famille vous avez un vieillard, vénérez-le, et priez Dieu qu'il vous le conserve longtemps : *Heureuse la maison où il y a des vieillards !*

37. La Vache à Colas.

I

Connaissez-vous l'histoire de la vache à Colas? Vous me répondriez oui, que je n'en continuerais pas moins mon récit. Vous n'ignorez pas qu'il y a eu et qu'il y a encore des millions de millions de Colas qui ont une vache, et l'histoire de la vache à votre Colas peut fort bien n'être pas l'histoire de la vache à mon Colas, et même cela est à peu près certain.

Or, mon Colas était un petit garçon qui vint au

monde à Risbac. Risbac est un joli petit village, en Alsace, non loin du Chêne-Fendu, de la Ramette et du Bois-Joli, autres petits villages dont il est permis d'ignorer l'existence, fût-on très-fort en géographie.

De père en fils dans la famille de Colas, les garçons sont vachers, et de mère en fille, les demoiselles sont marchandes de petits balais. Il ne paraît pas que ces deux industries soient très-lucratives, car la famille des Colas a toujours été dans une grande misère, gagnant péniblement sa vie au jour le jour, et se trouvant chaque année, à la Saint-Sylvestre, aussi pauvre que l'année précédente, fort empêchée, n'ayant aucune épargne, heureuse encore si elle avait le strict nécessaire.

Aucun événement extraordinaire ne signala la naissance du petit Colas dont je raconte l'histoire, et rien ne pouvait faire pressentir qu'il illustrerait un jour son obscure famille. Pour le distinguer des autres fils Colas, on le nomma Colin-Colas. Ce petit Colin-Colas s'éleva comme ses autres frères et sœurs, un peu à la grâce de Dieu, comme s'élèvent les petits lapins de tous les bois, jouant tantôt sur l'herbe fleurie, tantôt dans la boue des chemins, sans que la respectable madame Colas mère prît grand soin de sa progéniture. Ce qui n'empêchait pas Colin-Colas de grandir, de se fortifier, et d'être beau comme un petit ange blond et rose, quand par hasard il avait sa jolie petite tête débarbouillée, lavée, et ses beaux cheveux frisés un peu démêlés, ce qui, il faut le dire, n'arrivait que dans les grandes circonstances.

Colin-Colas allait avoir neuf ans, et déjà on lui trouvait un petit air intelligent et résolu qu'on était loin de remarquer dans les enfants de son âge. Bien que madame Colas eût pris peu de soin de son instruction, son fils savait déjà lire, un peu écrire et passablement calculer. Comment avait-il appris tout cela? On ne le savait trop dire; comme le reste, un peu par ci, par là; il avait glané sa provision de savoir dans les champs de Pierre et de Paul. Toujours est-il qu'il la possédait et qu'elle était bel et bien à lui.

Il arriva alors qu'une vache du troupeau qu'il gardait mit bas trois petits veaux. Colin-Colas en prit deux dans ses bras, c'est tout ce qu'il en pouvait porter, et s'en alla les mettre à l'étable bien chaudement. Le métayer lui dit qu'il n'était pas nécessaire d'apporter le troisième, que la vache aurait assez d'en nourrir deux, qu'il fallait le jeter à l'eau. Colin-Colas recueillit le petit condamné qu'il ne voulut pas faire périr, le porta sur sa propre couche de fougère, et le nourrit du lait que son maître lui permettait de traire pour sa propre nourriture; quant à lui, il but un peu plus d'eau à la fontaine, et ne s'en porta pas beaucoup plus mal. Il n'y a rien qui vous rende dispos et bien portant comme la conscience d'avoir bien fait, et Colin-Colas croyait avoir

13

bien fait, d'avoir arraché à la mort une innocente créature de Dieu.

II

Colin-Colas prit tant de soins de son petit veau, qui se trouva être une génisse, c'est-à-dire une vache future, qu'elle s'éleva tout aussi bien que si elle avait été allaitée par sa mère. Heureusement on était au printemps : l'herbe partout est tendre. La petite génisse put bientôt la brouter le long des routes, et dans les prairies où Colin-Colas avait obtenu de son maître la permission de la conduire à la suite du troupeau. Tout le long de l'été et de l'automne, Colin-Colas ramassa partout les fourrages qui se perdaient, les feuilles d'arbres qui tombaient et jonchaient les routes ; il cueillit dans les étangs, les tiges de nénufar, et dans les haies, les herbes que les vaches aiment à manger. Il en fit de bonnes provisions pour sa petite vache, qu'il appela Noiraude, parce qu'elle était un peu noire, avec une belle tache blanche sur la tête et une autre sur le dos. Noiraude était on ne peut plus jolie ; elle suivait Colin-Colas, comme aurait pu faire un chien ; elle bondissait de joie à sa vue, et le caressait de son mieux avec son large et rose museau. Noiraude et Colas devinrent des amis intimes qui ne se quittaient presque pas. Le soin que Colas prenait de Noiraude ne l'empêchait pas de se livrer à la garde du troupeau, ni un peu à sa propre éducation, qu'il continuait durant les longues heures de solitude que lui donnait son état : il se trouva même un brave homme qui, voyant le zèle de Colas, le prit en affection, et vint de temps en temps lui donner quelque bonne leçon.

Au bout de deux ans et demi, la vache de Colas eut elle-même deux petits veaux, qui s'élevèrent admirablement, et que Colas sevra quelques mois après leur naissance. Alors il acheta, à très-bon compte, deux autres petits veaux qu'il nourrit avec le lait de Noiraude, et quatre ou cinq ans, au plus, après le jour où il avait arraché Noiraude à la mort, Colin-Colas avait cinq belles vaches.

Depuis longtemps déjà il n'était plus au service de personne ; il était son propre vacher ; il avait fait lui-même, avec un peu d'aide, une belle étable, dont les murs étaient en boue et le toit en chaume, ce qui est fort économique. Il vendait son lait, son beurre, son fromage, à la ville voisine, nourrissait sa vieille mère, mettait chaque semaine quelques sous de côté, et n'avait alors que quinze ans. Un propriétaire des environs, voyant sa bonne conduite, son intelligence, sa sobriété, son économie, son ardeur au travail, lui loua quelques pièces de terre. Colin-Colas avait déjà élevé un petit âne ; cet âne se nourrissait de tout et ne demandait aucun soin, si bien qu'à seize ou dix-sept ans, Colin se trouva en mesure, avec son âne, de cultiver ses terres louées, et qu'à vingt ans il avait acheté un cheval. Un peu plus tard, il se fit construire une bonne petite ferme bien solide. M. le maire lui donnait la main quand il le rencontrait; tout le monde lui disait : Bonjour, monsieur Colas.

Les uns disaient qu'il avait trouvé un trésor; d'autres, qu'il avait un secret pour gagner de l'argent. Lui répondait, quand on lui demandait son secret :

> Celle qui fait tout cela,
> C'est la vache à Colas.

Et il ajoutait encore quelquefois, en montrant ses deux bras solides et nerveux : « Ces deux messieurs-là y font bien aussi quelque chose. »

La dernière fois que je passai à Risbac, j'appris que M. Colas, le petit vacher, était devenu le plus riche propriétaire de l'endroit, qu'on l'avait nommé maire, et qu'on l'aurait nommé je ne sais plus quoi encore, s'il l'avait voulu. Mais Colas ne veut pas sortir de son village; il dit qu'il a bien assez de ses propres affaires, sans se charger de celles d'autrui, et il a bien raison.

Noiraude vécut un peu plus de quinze ans; c'est beaucoup pour une vache. Colin-Colas la pleura comme sa première amie; il fit faire son portrait, qu'il fit encadrer dans un beau cadre d'or, et on peut encore le voir chez le riche fermier de Risbac. On lit au-dessus :

C'EST LA VACHE A COLAS !

Cette histoire pourrait être celle de bien des petits enfants qui naissent pauvres et restent pauvres toute leur vie, le plus souvent faute d'intelligence, de courage ou de conduite ; avec un peu de tout cela, ils feraient comme Colin-Colas, ils s'instruiraient : cela est si facile depuis qu'il y a des écoles partout ; ils travailleraient et deviendraient des hommes utiles et heureux.

____

98. Conseils.

I

Mes enfants, ce n'est pas tout de savoir lire, écrire, et charbonner sur le tableau quelques chiffres et quelques figures : vous avez un Dieu, des parents, des voisins, des camarades, une patrie ; il faut les servir et les aimer.

Vous avez un Dieu que vous devez adorer ; car il est votre créateur et votre père à tous. Il voit tout, il entend tout, il sait tout. Il lit du haut du ciel dans le fond de vos cœurs, et rien ne lui échappe, la nuit ni le jour, rien de ce que vous dites, de ce que vous faites, de ce que vous pensez. Que Dieu soit donc toujours devant vous, et vous devant lui !

Vous serez soldats ; souvenez-vous que pour faire un bon soldat il faut être robuste, et, par conséquent, tempérant et sobre ; discipliné, et, par conséquent, obéissant ; courageux contre l'ennemi, et doux envers les prisonniers.

Vous aurez des maîtres : souvenez-vous qu'un serviteur vigilant, ponctuel, laborieux, patient et réglé, vaut mieux qu'un maître fantasque, impérieux, débauché et colère ; faites-le rougir, si vous ne pouvez le corriger par votre exemple, et sachez trouver votre récompense dans l'accomplissement de vos devoirs et dans l'estime de vous-mêmes.

Vous avez des parents : aidez-les à supporter le poids de leurs travaux ; entrez dans leur affection pour les chérir et dans leurs peines pour les consoler ; rendez-leur en tendresse ce qu'ils vous prodiguent en soins et en sacrifices ; pliez avec douceur sous leurs remontrances ; détournez votre face de leurs faiblesses, et s'ils vous commandaient de mal faire, sachez leur résister avec décence, mais avec fermeté.

Vous avez des voisins : n'allez pas marauder dans leurs cours et jardins ; n'anticipez pas quelques sillons sur leur terre ; ne déplacez pas leurs bornes ; ne coupez pas les troncs, les branches ou les feuilles de leurs arbres, ni leur herbe, ni leurs fruits ; ne gâtez pas leurs moissons et récoltes avec vos bœufs, vaches, chèvres, porcs, volailles, chevaux et moutons. Quelque dispute pour un mur, un puits, un arbrisseau, une pâture, a peut-être brouillé vos parents avec vos voisins ; prenez leurs mains, mettez-les les unes dans les autres, et soyez le lien de leur réconciliation et de leur bonne harmonie.

Vous avez des camarades : promettez-vous les uns

aux autres de vous entr'aider, lorsque vous serez plus grands. Aimez-vous : il est si doux de s'aimer ! Vivez unis : l'union est la seule force des petits et des faibles.

N'abandonnez donc pas vos compagnons lorsqu'ils souffrent, qu'ils sont malades, qu'ils s'absentent, qu'ils gémissent, qu'ils vous réclament; apportez-leur vos soins, vos consolations, votre courage, vos instruments, votre travail; donnez afin qu'on vous donne, prêtez afin que vous puissiez emprunter. Faites mieux : donnez même à ceux qui ne vous donneraient pas; prêtez même à ceux qui ne vous prêteraient pas; faites le bien pour le bien. Obligez les autres pour les autres, non pour vous.

II

Aimez vos parents, afin que vos fils vous aiment. Ne laissez pas votre vieux père frapper de ses doigts roides et glacés à votre porte qui ne veut pas s'ouvrir. Ouvrez-la-lui, laissez-lui la meilleure place au foyer, à la table et au lit. La malédiction des vieillards pèse sur le front des mauvais fils et le ride avant l'âge.

Aimez surtout les pauvres : car après votre père et votre mère, vos frères et vos sœurs, ce sont eux qui ont le plus besoin de vous. Qu'ils soient votre seconde famille; ne leur fermez ni votre porte, ni vos cœurs, ni votre bourse; donnez-leur surtout du travail, si vous le pouvez : car le travail ne dégrade pas l'homme et le nourrit mieux que l'aumône. Donner du travail, c'est plus, c'est mieux que de donner de l'argent ; c'est la meilleure des charités pour ceux qui la font et pour ceux qui la reçoivent.

Ne gorgez pas vos estomacs de pain, de viandes et de fruits, de manière à en perdre la santé et même la vie ; et sevrez-vous de liqueurs fortes, car leur usage mène vite à leur abus, et leur abus énerve le corps et l'intelligence : l'homme qui s'enivre est plus vil et plus dégradé que la bête.

Ne jurez pas, afin qu'on ne dise point que vous êtes des enfants de mœurs grossières, qu'on ne vous méprise, et qu'on ne veuille plus ni vous faire travailler, ni travailler avec vous.

Soyez polis avec les femmes, car vous ne voudriez pas qu'on insultât vos sœurs ni vos mères, et respectueux envers les vieillards, afin qu'on se découvre devant vous lorsque le temps, qui fuit bien vite, mes chers enfants, aura blanchi vos cheveux, aujourd'hui si noirs et si épais.

Ne frappez les animaux que pour les corriger ou pour les conduire, et non pour le plaisir de les battre ; car ils ne peuvent se défendre, et cela serait lâche ; car ils souffrent, et cela serait cruel.

Soyez reconnaissants. De même que le soleil, en ouvrant le sein de la terre, développe le grain de blé par sa douce chaleur, de même la reconnais-

sance développe le bienfait dans le cœur du bien
faiteur.

Ne soyez pas méfiants de vos supérieurs, uniquement parce qu'ils sont vos supérieurs, lorsqu'ils vous administrent avec fermeté, sagesse et justice ; ni des riches, uniquement parce qu'ils sont riches, lorsqu'ils vous aiment, vous consolent et vous soulagent.

Ne négligez pas, autant que cela vous est possible, la propreté de vos mains, de vos vêtements et de votre chaussure. La décence du corps réfléchit la décence de l'âme. La propreté, c'est l'ordre dans l'intérieur de vos maisons et dans le règlement de vos affaires : les bonnes habitudes et les vertus se touchent, de même que les mauvaises habitudes et les vices.

Enfin, mes chers enfants, ne dites pas, en vous comparant aux riches, que la Providence vous a fait naître dans une condition dure et misérable, que leur destin seul est digne d'envie, et que le vôtre est bien à plaindre : pas tant que vous le croyez, mes enfants. La nature ne leur a pas donné deux bouches, ni deux estomacs, ni dix sens au lieu de cinq, non plus qu'à vous. Ils connaissent des ennuis, des alarmes, des insomnies, des langueurs, des remords, qui ne vous atteindront jamais. Si vos mets sont plus grossiers, l'appétit les assaisonne ; si votre sommeil est court, il est profond ; si vos travaux sont plus rudes, votre repos est plus doux ; si vos labeurs sont plus accablants, vos bras sont plus robustes; si vos plaisirs sont moins vifs, la satiété ne les émousse pas.

N'enviez donc point les brillantes mais trompeuses apparences d'une félicité qui n'existe pas, et souvenez-vous, mes enfants, que le véritable bonheur dépend uniquement du travail, de la science et de la vertu.

POÉSIES

POÉSIES

1. CHANT D'ÉCOLE.

C'est le matin, l'école s'ouvre,
  Entrons, amis, entrons!
Que chaque tête se découvre,
  Ensemble nous prîrons;

« Notre Seigneur et notre père,
  « Dans votre tendre amour
« Écoutez notre humble prière :
  « Daignez bénir ce jour!

« Disposez nos cœurs à l'étude;
  « Faites que nous prenions
« Du travail la sainte habitude :
  « Faites que nous l'aimions!

« Pour le paresseux point d'excuse!
  « Ici point d'écolier
« Qui se détourne et qui s'amuse,
  « Et vienne babiller.

« Qu'au contraire notre devise
  « Soit toujours : Avançons!
« Qu'à chaque heure le maître dise :
  « Bien, très-bien! mes garçons.

« Dieu si bon ! que votre sagesse
  « Descende en notre cœur,
« Qu'elle guide notre jeunesse
  « Sur les pas du Sauveur !

« Car être instruit sans être sage,
  « Être même savant,
« Ne serait d'aucun avantage
  « Pour l'homme, pour l'enfant. »

Maintenant, amis à l'ouvrage,
  Amis, avec ardeur
Travaillons ! courage ! courage !
  Nous plairons au Seigneur !

————

2. PRIÈRE POUR LES PETITS ENFANTS.

Notre Père des cieux, père de tout le monde,
De vos petits enfants c'est vous qui prenez soin ;
Mais à tant de bonté vous voulez qu'on réponde,
Et qu'on demande aussi, dans une foi profonde,
  Les choses dont on a besoin !

Vous m'avez tout donné, la vie et la lumière,
Le blé qui fait le pain, les fleurs qu'on aime à voir,
Et mon père et ma mère, et ma famille entière.
Moi, je n'ai rien pour vous, mon Dieu, que la prière
  Que je vous dis matin et soir.

Notre Père des cieux, bénissez ma jeunesse.
Pour mes parents, pour moi, je vous prie à genoux ;

Afin qu'ils soient heureux, donnez-moi la sagesse ;
Et puissent leurs enfants les contenter sans cesse,
Pour être aimés d'eux et de vous !

3. L'ENFANT HEUREUX.

O bienheureux mille fois
L'enfant que le Seigneur aime ;
Qui de bonne heure entend sa voix,
Et que ce Dieu daigne instruire lui-même !
Loin du monde élevé, de tous les dons des cieux
Il est orné dès sa naissance,
Et du méchant l'abord contagieux
N'altère point son innocence.
Tel, en un secret vallon,
Sur le bord d'une onde pure,
Croît, à l'abri de l'aquilon,
Un jeune lis, l'honneur de la nature.
Heureux, heureux mille fois
L'enfant que le Seigneur rend docile à sa voix.

4. LE GRILLON.

Un pauvre petit grillon,
Caché dans l'herbe fleurie,
Regardait un papillon
Voltigeant dans la prairie.
L'insecte ailé brillait des plus vives couleurs ;
L'azur, le pourpre et l'or éclataient sur ses ailes ;

Jeune, beau, petit-maître, il court de fleurs en fleurs,
　　　Prenant et quittant les plus belles.
« Ah! disait le grillon, que son sort et le mien
　　　Sont différents! Dame nature
　　　Pour lui fit tout, et pour moi rien.
Je n'ai point de talent, encor moins de figure;
Nul ne prend garde à moi, l'on m'ignore ici-bas;
　　　Autant vaudrait n'exister pas. »
　　　Comme il parlait, dans la prairie
　　　Arrive une troupe d'enfants.
　　　Aussitôt les voilà courant
Après ce papillon dont ils ont tous envie.
Chapeaux, mouchoirs, bonnets, servent à l'attraper.
L'insecte vainement cherche à leur échapper,
　　　Il devient bientôt leur conquête.
L'un le saisit par l'aile, un autre par le corps :
Un troisième survient et le prend par la tête.
　　　Il ne fallait pas tant d'efforts
　　　Pour déchirer la pauvre bête.
« Oh! oh! dit le grillon, je ne suis plus fâché;
Il en coûte trop cher pour briller dans le monde.
Combien je vais aimer ma retraite profonde! »

　　　Pour vivre heureux, vivons caché.

---

5. L'ÉPI DE BLÉ.

Un laboureur et sa jeune compagne,
Avec leur fils parcouraient la campagne,
　　　A l'approche de la moisson ;

Ces beaux épis, qui doraient leur sillon,
Réjouissaient leur cœur d'une douce espérance :
    « Ah ! papa, s'écria l'enfant,
    Voilà l'Épi par excellence !
    Regarde-le, comme il est grand !
— Tu te trompes, mon fils, lui répondit le père :
Ce qu'il faut admirer, c'est cet Épi si plein,
    Modestement se courbant vers la terre ,
      Le fol Épi, vide de grain,
      S'élève toujours d'un air leste :
      C'est l'image d'un homme vain ;
      Mais voici la vertu modeste. »

---

6. LE SINGE ET LA NOIX.

Le Singe autrefois
Trouvant une Noix
Encor recouverte
De l'écorce verte,
Et l'en dépouillant
Très-patiemment,
Dit : « Qu'elle est amère !
Mais consolons-nous :
Le fruit qu'elle enserre
En sera plus doux. »

Jeunesse volage
Méditez ceci :
L'étude à votre âge,
Est amère aussi ;

Mais prenez courage,
Et, dans peu de temps,
Vous direz, je gage :
« Ses fruits sont charmants ! »

---

7. L'ENFANT ET LA RAQUETTE.

Un Enfant joli comme un cœur,
Et pour l'étude plein d'ardeur,
Savait son catéchisme et commençait à lire.
Il est inutile de dire
Que de sa mère il était le bijou,
Et que, sans le gâter, son père en était fou.
Trop s'appliquer nuit à l'enfance ;
Il lui faut de l'amusement :
La mère le sentit. On achète un volant,
On le donne au petit comme une récompense
Du devoir fait diligemment.
L'Enfant, armé de sa Raquette,
Ne s'occupe plus que du jeu ;
Pour son volant il est tout feu ;
Dix fois par jour, en public, en cachette,
Il s'exerce ; c'est là son unique amusette.
De catéchisme, point ; de lecture, très-peu ;
Et tout allait si mal qu'enfin la chère bonne
Va dire à la maman que le petit garçon,
Au lieu d'apprendre sa leçon,
Malgré sa remontrance, au jeu seul s'abandonne.
La mère fait venir l'Enfant,

Lui reproche ses torts, et reprend le volant :
    « Mon fils, je veux bien qu'on s'amuse ;
Mais quand de mes bontés je vois que l'on abuse,
    Je sais comment il faut punir :
Du volant enlevé perdez le souvenir.
Croyez-vous qu'en jouant s'acquière la science?
Je ne saurais, mon fils, trop vous le répéter ;
Le jeu pour les enfants est une récompense,
Et c'est par le travail qu'on doit la mériter. »
    Le petit, mis en pénitence,
Prouve, les yeux en pleurs, le cœur plein de soupirs,
Que souvent nos chagrins naissent de nos plaisirs.

----

8. IL FAUT CONSULTER LES VIEILLARDS.

    Écoute en paix et simplesse
    Les discours d'hommes prudents.
    Consulte aussi la vieillesse,
    C'est l'école du bon sens ;
    Proverbes de vieilles gens
    Sont toujours pleins de sagesse.

----

9. LE PETIT LINOT.

    Une Linotte gentille
Avait posé son nid au sommet d'un ormeau,
    Et couvait sa jeune famille
Que le vent balançait sur un léger rameau.
    Des petits le naissant plumage

Offrait chaque matin quelque progrès nouveau ;
>   Tandis que, par son doux ramage,
>   La mère, charmant le bocage,
>   Les amusait dans le berceau.
>   Soins et tendresse maternelle
Remplissaient tout son temps, occupaient tout son cœur ;
>   Et rien n'égalait son bonheur,
>   Quand ses jeunes Linots vers elle
Tendaient leurs petits becs en lui battant de l'aile.
Advint l'âge si doux, qui n'est pas sans danger,
Où l'oiseau s'aperçoit que sa plume légère
>   Doit lui servir à voltiger.
>   Alors vous auriez vu la mère
Promener tour à tour chaque petit Linot,
Guider son premier vol de l'ormeau jusqu'au chêne,
L'aider, le soutenir, revenir aussitôt
Chercher un autre élève, et sans compter sa peine
>   Recommencer cette leçon
>   Mainte fois pour chaque oisillon.
Puis elle leur disait : « Enfants, quand viendra l'heure
De m'absenter un peu, pour aller recueillir
Ce grain que Dieu fait croître exprès pour vous nourrir,
Gardez-vous bien tout seuls de quitter la demeure ;
>   Vous pourriez vous en repentir.
>   Dans cette commode retraite,
>   Vous ne craignez chat ni belette ;
Ils n'y peuvent grimper, car ce frêle rameau
Est à peine assez fort pour porter un oiseau ;
>   Mais si vous tombez sur la terre,
>   Gare à la griffe meurtrière ! »

Cela dit, un jour elle sort.
Voilà qu'un Linot sans cervelle,
Se croyant grand garçon, bien raisonnable et fort,
Veut essayer tout seul la vigueur de son aile.
Il s'élance du nid, vole à l'arbre voisin,
Puis va de feuillage en feuillage;
Et sans rien calculer, comme on fait à son âge,
Il avance et se trouve enfin
Fort éloigné de son bocage.
Il en était tout fier, lorsqu'un affreux tapage
Près de lui retentit soudain.
Alors épouvanté, pour gagner sa demeure,
Il veut voler d'un trait, mais il le veut en vain,
Il bat de l'aile, il tombe, où?... sur un chat malin
Qui le guettait depuis une heure.
La mère arrive ; il n'est plus temps.
« Hélas! dit-elle à ses autres enfants,
Il n'a point écouté mes craintes maternelles !
Qu'il vous apprenne au moins comme un petit Linot
Peut se perdre, en voulant trop tôt
Voleter de ses propres ailes! »

---

10. LA CIGALE ET LA FOURMI.

La Cigale, ayant chanté
Tout l'été,
Se trouva fort dépourvue
Quand la bise fut venue :
Pas un seul petit morceau
De mouche ou de vermisseau !

Elle alla crier famine
Chez la Fourmi sa voisine,
La priant de lui prêter
Quelque grain pour subsister
Jusqu'à la saison nouvelle.
« Je vous paîrai, lui dit-elle,
Avant l'oût, foi d'animal,
Intérêt et principal. »
La Fourmi n'est pas prêteuse :
C'est là son moindre défaut.
« Que faisiez-vous au temps chaud?
Dit-elle à cette emprunteuse.
— Nuit et jour à tout venant
Je chantais, ne vous déplaise.
— Vous chantiez! j'en suis fort aise :
Eh bien ! dansez maintenant. »

---

11. L'ABEILLE ET LA FOURMI.

A jeun, le corps tout transi,
    Et pour cause,
Un jour d'hiver, la Fourmi,
Près d'une ruche bien close,
Rôdait, pleine de souci.
Une Abeille vigilante
L'aperçoit et se présente.
« Que viens-tu chercher ici?
Lui dit-elle. — Hélas! ma chère,
Répond la pauvre Fourmi,

Ne soyez point en colère.
Le faisan, mon ennemi,
A détruit ma fourmilière ;
Mon magasin est tari ;
Tous mes parents ont péri
De faim, de froid, de misère.
J'allais succomber aussi,
Quand du palais que voici
L'aspect m'a donné courage,
Je le savais bien garni
De ce bon miel, votre ouvrage ;
J'ai fait effort, j'ai fini
Par arriver sans dommage.
Oh ! me suis-je dit, ma sœur
Est fille laborieuse ;
Elle est riche et généreuse,
Elle plaindra mon malheur ;
Oui, tout mon espoir repose
Dans la bonté de son cœur.
Je demande peu de chose ;
Mais, j'ai faim, j'ai froid, ma sœur !
— Oh ! oh ! répondit l'Abeille,
Vous discourez à merveille,
Mais, vers la fin de l'été,
La cigale m'a conté
Que vous aviez rejeté
Une demande pareille.
— Quoi ! vous savez ? — Mon Dieu, oui ;
La cigale est mon amie.
Que feriez-vous, je vous prie,

Si, comme vous, aujourd’hui,
J’étais insensible et fière ;
Si j’allais vous inviter
A promener ou chanter ?
Mais rassurez-vous, ma chère ;
Entrez, mangez à loisir,
Usez-en comme du vôtre,
Et surtout, pour l’avenir,
Apprenez à compatir
A la misère d’un autre. »

---

12. LES DEUX VOYAGEURS.

Le compère Thomas et son ami Lubin
Allaient à pied tous deux à la ville prochaine.
Thomas trouve sur son chemin
Une bourse de louis pleine.
Il l’empoche aussitôt. Lubin, d’un air content,
Lui dit : « Pour nous la bonne aubaine !
— Non, répond Thomas froidement,
Pour *nous* n’est pas bien dit, pour *moi*, c’est différent.»
Lubin ne souffle plus ; mais en quittant la plaine,
Ils trouvent des voleurs cachés au bois voisin.
Thomas tremblant, et non sans cause,
Dit : « Nous sommes perdus ! — Non, lui répond Lubin,
Nous n’est pas le vrai mot ; mais *toi*, c’est autre chose. »
Cela dit, il s’échappe à travers le taillis.
Immobile de peur, Thomas est bientôt pris.
Il tire la bourse et la donne.

Qui ne songe qu'à soi, quand sa fortune est bonne,
        Dans le malheur n'a point d'amis.

---

13. LA FONTAINE ET LE SAULE.

        Au pied d'une colline aride
        Une fontaine jaillissait,
        Et de temps en temps remplissait
Un frais bassin creusé par son onde limpide.
        Rarement elle suffisait
Pour former un ruisseau qui baignât la vallée ;
        Car le soleil la tarissait,
        Et nulle ombre, nulle feuillée,
Des feux brûlants du jour ne la garantissait.
        Dans le temps qu'elle en gémissait,
Voilà qu'un jeune saule, enfant de la nature,
        Non loin d'elle dépérissait,
        Abaissant sa pâle verdure
        Que nulle eau ne rafraîchissait.
        La fontaine compatissante
Elle-même s'oublie en le voyant souffrir,
        Et, pour aller le secourir,
Elle fait un effort, et détourne sa pente.
Tout alentour du tronc, déjà mort à moitié,
        Bientôt le doux ruisseau serpente.
Il baigne la racine, il humecte le pied ;
Il renouvelle enfin la séve nourrissante
Qui monte, qui circule en maint vaisseau caché,
Et reporte la vie à la tige mourante

Du pauvre saule desséché.
Soudain il reverdit, il étend son feuillage,
Il se penche, non plus par défaut de vigueur,
Mais pour couvrir de son ombrage
La fontaine, sa tendre sœur,
Sa bienfaitrice, son amie,
Celle qui lui rendit la vie,
Et dont il peut enfin être le protecteur.
A son tour il veille sur elle :
Son ombre de la source entretient la fraîcheur ;
S'échappant du bassin, l'onde à grands flots ruisselle,
Et va courir dans le vallon,
Parmi les fleurs et le gazon
Qu'elle embellit et renouvelle.

C'est ainsi qu'il se faut l'un l'autre secourir :
La bienveillance mutuelle
Est pour nous tout profit, comme elle est tout plaisir.

---

14. JOIE D'UNE BONNE CONSCIENCE.

Qu'on repose avec calme et qu'on sommeille bien
Quand le cœur ne reproche rien !
Veux-tu te réjouir ; que ce ne soit, mon frère,
Qu'après une bonne action.
Les méchants n'ont jamais de satisfaction,
De plaisir pur, de paix sincère.
Pour l'impie, a dit le Seigneur,
Il n'est ni repos ni bonheur.

---

15. L'IMMORTELLE ET LES ÉPIS.

Vaine de ses nombreux printemps
Et relevant sa tête altière,
L'Immortelle raillait des Épis jaunissants,
Qui près d'elle tombaient sous la faux meurtrière :
 « Je vous ai vus naître en ces champs,
 Et vous mourez, et je vis, disait-elle,
Et ce jour n'aura pas pour vous de lendemain ;
 Mais pour moi, la fleur immortelle,
Le printemps de retour me retrouve nouvelle,
Et le jour est bien loin qui verra mon déclin ! »
Un Épi répondit : « Ne soyez point si vaine
 D'échapper toujours au trépas ;
 Car, si vous en valiez la peine,
 On ne vous épargnerait pas.
 D'un amas de printemps stérile
 Cessez de tirer vanité :
Quand la mort est féconde et la vie inutile,
 Mieux vaut la mort que l'immortalité ! »

---

16. LE PINSON ET LA PIE.

 « Apprends-moi donc une chanson,
 Demandait la bavarde Pie
 A l'agréable et gai Pinson,
Qui chantait au printemps sur l'épine fleurie.
 — Allez, vous vous moquez, ma mie ;
A gens de votre espèce, ah ! je gagerais bien

Que jamais on n'apprendra rien.
— Eh quoi ! la raison, je te prie ?
— Mais c'est que, pour s'instruire et savoir bien chanter,
Il faudrait savoir écouter,
Et babillard n'écouta de sa vie. »

---

17. LES DEUX POULAINS.

Tous jeux de mains sont dangereux ;
De s'en abstenir c'est prudence :
Ce n'est que ris quand on commence ;
Après suivent les pleurs ; et la fin de ces jeux
Est qu'il survient souvent des accidents fâcheux.

Deux Poulains de très-bonne race,
Grands, bien faits, marchant avec grâce.
En folâtrant ensemble dans un pré,
Après avoir bien pâturé,
Des crins flottants de leur queue ondoyante
Prenaient plaisir à se donner des coups.
C'était d'abord une guerre innocente ;
Mais un coup malheureux, excitant leur courroux,
En un combat changea la fête.
Ce coup était tombé sans dessein sur la tête
D'un de nos deux Poulains ; son œil fut offensé.
L'animal, se sentant blessé,
Vous lâche à l'autre une ruade,
Et l'agresseur sortit le plus malade.

Enfants, que ce malheur vous serve de leçon :
De vos jeux c'est ici l'image ;

Entre vous, par les pleurs finit le badinage.
Des plaisirs innocents que permet la raison,
Et que l'on accorde à votre âge,
Sachez faire un meilleur usage.

———

18. L'ÉCOLIER.

Un tout petit enfant s'en allait à l'école.
On avait dit : Allez ! il tâchait d'obéir ;
Mais son livre était lourd ; il ne pouvait courir :
Il pleure et suit des yeux une abeille qui vole.
« Abeille ! lui dit-il, voulez-vous me parler ?
Moi, je vais à l'école, il faut apprendre à lire.
Mais le maître est tout noir, et je n'ose pas rire.
Voulez-vous rire, abeille, et m'apprendre à voler ?
— Non, dit-elle, j'arrive, et je suis très-pressée.
J'avais froid, l'aquilon m'a longtemps oppressée.
Enfin j'ai vu les fleurs ; je redescends du ciel,
Et je vais commencer mon doux rayon de miel.
Voyez ! j'en ai déjà puisé dans quatre roses :
Avant une heure encor nous en aurons d'écloses.
Vite, vite à la ruche. On ne rit pas toujours :
C'est pour faire le miel qu'on nous rend les beaux jours. »
Elle fuit, et se perd sur la route embaumée.
Le frais lilas sortait d'un vieux mur entr'ouvert :
Il saluait l'aurore, et l'aurore charmée
Se montrait sans nuage et riait de l'hiver.
Une hirondelle passe ; elle effleure la joue
Du petit nonchalant, qui s'attriste et qui joue,

Et, dans l'air suspendue, en redoublant sa voix,
Fait tressaillir l'écho qui dort au fond des bois.
 « Oh! bonjour, dit l'enfant, qui se souvenait d'elle,
Je t'ai vue à l'automne; oh! bonjour, hirondelle!
Viens; tu portais bonheur à ma maison, et moi,
Je voudrais du bonheur : veux-tu m'en donner, toi?
Jouons! — Je le voudrais, répond la voyageuse;
Car je respire à peine, et je me sens joyeuse.
Mais j'ai beaucoup d'amis qui doutent du printemps;
Ils rêveraient ma mort si je tardais longtemps.
Oh! je ne puis jouer. Pour finir leur souffrance,
J'emporte un brin de mousse en signe d'espérance.
Nous allons relever nos palais dégarnis :
L'herbe croît; c'est l'instant des amours et des nids.
J'ai tout vu. Maintenant, fidèle messagère,
Je vais chercher mes sœurs là-bas sur le chemin.
Ainsi que nous, enfant, la vie est passagère;
Il en faut profiter. Je me sauve : à demain. »
L'enfant reste muet, et, la tête baissée,
Rêve et compte ses pas pour tromper son ennui,
Quand le livre importun, dont sa main est lassée,
Rompt ses fragiles nœuds et tombe auprès de lui.
Un dogue l'observait du seuil de sa demeure.
Stentor, gardien sévère et prudent à la fois,
De peur de l'effrayer retient sa grosse voix.
Hélas! peut-on crier contre un enfant qui pleure?
 « Bon dogue, voulez-vous que je m'approche un peu?
Dit l'écolier plaintif; je n'aime pas mon livre.
Voyez! ma main est rouge; il en est cause. Au jeu
Rien ne fatigue, on rit, et moi je voudrais vivre

Sans aller à l'école, où l'on tremble toujours.
Je m'en plains tous les soirs, et j'y vais tous les jours.
J'en suis très-mécontent; je n'aime aucune affaire;
Le sort d'un chien me plaît, car il n'a rien à faire.
— Écolier, voyez-vous ce laboureur aux champs?
Eh bien! ce laboureur, dit Stentor, c'est mon maître;
Il est très-vigilant, je le suis plus peut-être :
Il dort la nuit, et moi j'écarte les méchants;
J'éveille aussi ce bœuf, qui d'un pied lent, mais ferme,
Va creuser les sillons quand je garde la ferme.
Pour vous-même on travaille, et, grâce à nos brebis,
Votre mère en chantant vous file des habits.
Par le travail tout plaît, tout s'unit, tout s'arrange.
Allez donc à l'école, allez, mon petit ange.
Les chiens ne lisent pas, mais la chaîne est pour eux :
L'ignorance toujours mène à la servitude;
L'homme est fin... l'homme est sage : il nous défend l'étude.
Enfant, vous serez homme, et vous serez heureux :
Les chiens vous serviront. » L'enfant l'écouta dire,
Et même il le baisa. Son livre était moins lourd.
En quittant le bon dogue, il pense, il marche, il court;
L'espoir d'être homme un jour lui ramène un sourire.
A l'école, un peu tard, il arrive gaîment,
Et dans le mois des fruits il lisait couramment.

---

19. CONTE D'ENFANT.

Il ne faut plus courir à travers les bruyères,
Enfant, ni sans congé vous hasarder au loin.

Vous êtes très-petit, et vous avez besoin
Que l'on vous aide encore à dire vos prières.
Que feriez-vous aux champs si vous étiez perdu?
Si vous ne trouviez plus le sentier du village?
On dirait: « Quoi, si jeune, il est mort? c'est dommage! »
Vous crieriez... De si loin seriez-vous entendu?
Vos petits compagnons, à l'heure accoutumée,
Danseraient à la porte et chanteraient tout bas;
Il faudrait leur répondre, en la tenant fermée:
« Une mère est malade, enfants, ne chantez pas! »
Et vos cris rediraient : — « O ma mère! ô ma mère! »
L'écho vous répondrait, l'écho vous ferait peur.
L'herbe humide et la nuit vous transiraient le cœur.
Vous n'auriez à manger que quelque plante amère :
Point de lait, point de lit!... Il faudrait donc mourir?
J'en frissonne, et vraiment ce tableau fait frémir.
Embrassons-nous; je vais vous conter une histoire;
Ma tendresse pour vous éveille ma mémoire.
Il était un berger, veillant avec amour
Sur des agneaux chéris, qui l'aimaient à leur tour.
Il les désaltérait dans une eau claire et saine,
Les baignait à la source, et blanchissait leur laine ;
De serpolet, de thym, parfumait leurs repas;
Des plus faibles encor guidait les premiers pas;
D'un ruisseau quelquefois permettait l'escalade.
Si l'un d'eux, au retour, traînait un pied malade,
Il était dans ses bras tout doucement porté,
Et, la nuit, sur son lit, dormait à son côté.
Réveillés le matin par l'aurore vermeille,
Il leur jouait des airs à captiver l'oreille ;

Plus tard, quand ils broutaient leur souper sous ses yeux,
Aux sons de sa musette il les rendait joyeux.
Enfin il renfermait sa famille chérie
        Dedans la bergerie.
Quand l'ombre sur les champs jetait son manteau noir,
        Il leur disait : « Bonsoir,
Chers agneaux ! sans danger reposez tous ensemble :
L'un par l'autre pressés, demeurez chaudement ;
Jusqu'à ce qu'un beau jour se lève et nous rassemble,
Sous la garde des chiens dormez tranquillement. »
Les chiens rôdaient alors, et le pasteur sensible
Les revoyait heureux dans un rêve paisible,
Eh ! ne l'étaient-ils pas ? Tous bénissaient leur sort,
Excepté le plus jeune : hardi, malin, folâtre,
Des fleurs, du miel, des blés et des bois idolâtre,
Seul il jugeait tout bas que son maître avait tort.
Un jour, riant d'avance, et roulant sa chimère,
Ce petit fou d'agneau s'en vint droit à sa mère,
Sage et vieille brebis, soumise au bon pasteur.
« Mère ! écoutez, dit-il : d'où vient qu'on nous enferme ?
Les chiens ne le sont pas, et j'en prends de l'humeur.
Cette loi m'est trop dure, et j'y veux mettre un terme.
Je vais courir partout, j'y suis très-résolu.
Le bois doit être beau pendant le clair de lune :
Oui, mère, dès ce soir je veux tenter fortune :
Tant pis pour le pasteur, c'est lui qui l'a voulu.
— Demeurez, mon agneau, dit la mère attendrie ;
Vous n'êtes qu'un enfant, bon pour la bergerie ;
Restez-y près de moi ! Si vous voulez partir,
Hélas ! j'ose prévoir pour vous un repentir.

— J'ose vous dire non, » cria le volontaire....
Un chien les obligea tous les deux à se taire.
Quand le soleil couchant au parc les rappela,
Et que par flots joyeux le troupeau s'écoula,
L'agneau sous une haie établit sa cachette;
Il avait finement détaché sa clochette.
Dès que le parc fut clos, il courut à l'entour;
Il jouait, gambadait, sautait à perdre haleine.
« Je voyage, dit-il, je suis libre à mon tour!
Je ris, je n'ai pas peur : la lune est claire et pleine:
Allons au bois, dansons, broutons! » Mais, par malheur,
Des loups pour leurs enfants cherchaient alors curée :
Un peu de laine, hélas! sanglante et déchirée,
Fut tout ce que le vent daigna rendre au pasteur.
Jugez comme il fut triste, à l'aube renaissante!
Jugez comme on plaignit la mère gémissante!
« Quoi! ce soir, cria-t-elle, on nous appellera,
Et ce soir... et jamais l'agneau ne répondra! »
En l'appelant en vain elle affligea l'aurore;
Le soir elle mourut en l'appelant encore.

---

20. HYMNE DE L'ENFANT A SON RÉVEIL.

O Père qu'adore mon père!
Toi qu'on ne nomme qu'à genoux!
Toi dont le nom terrible et doux
Fait courber le front de ma mère!

On dit que ce brillant soleil
N'est qu'un jouet de ta puissance,

Que sous tes pieds il se balance
Comme une lampe de vermeil.

On dit que c'est toi qui fais naître
Les petits oiseaux dans les champs,
Qui donnes aux petits enfants
Une âme aussi pour te connaître!

On dit que c'est toi qui produis
Les fleurs dont le jardin se pare;
Et que, sans toi, toujours avare,
Le verger n'aurait point de fruits.

Aux dons que ta bonté mesure
Tout l'univers est convié;
Nul insecte n'est oublié
A ce festin de la nature.

L'agneau broute le serpolet;
La chèvre s'attache au cytise;
La mouche au bord du vase puise
Les blanches gouttes de mon lait!

L'alouette a la graine amère
Que laisse envoler le glaneur;
Le passereau suit le vanneur,
Et l'enfant s'attache à sa mère.

Et pour obtenir chaque don
Que chaque jour tu fais éclore,
A midi, le soir, à l'aurore,
Que faut-il? prononcer ton nom.

O Dieu! ma bouche balbutie
Ce nom des anges redouté :
Un enfant même est écouté
Dans le chœur qui te glorifie!

On dit qu'il aime à recevoir
Les vœux présentés par l'enfance,
A cause de cette innocence
Que nous avons sans le savoir.

On dit que leurs humbles louanges
A son oreille montent mieux,
Que les anges peuplent les cieux,
Et que nous ressemblons aux anges!

Ah! puisqu'il entend de si loin
Les vœux que notre bouche adresse,
Je veux lui demander sans cesse
Ce dont les autres ont besoin.

Mon Dieu, donne l'onde aux fontaines,
Donne la plume aux passereaux,
Et la laine aux petits agneaux,
Et l'ombre et la rosée aux plaines.

Donne au malade la santé,
Au mendiant le pain qu'il pleure,
A l'orphelin une demeure,
Au prisonnier la liberté.

Donne une famille nombreuse
Au père qui craint le Seigneur;

Donne à moi sagesse et bonheur,
Pour que ma mère soit heureuse !

Que je sois bon, quoique petit,
Comme cet enfant dans le temple,
Que chaque matin je contemple
Souriant au pied de mon lit !

Mets dans mon âme la justice,
Sur mes lèvres la vérité,
Qu'avec crainte et docilité
Ta parole en mon cœur mûrisse !

Et que ma voix s'élève à toi
Comme cette douce fumée
Que balance l'urne embaumée
Dans la main d'enfants comme moi !

———

21. LES ANGES.

Si quelquefois une vaine louange
Pour me flatter m'a donné le nom d'ange,
Je veux du moins, tout jeune que je suis,
Le mériter autant que je le puis.
Avoir l'humeur égale et point farouche,
Le front serein, le sourire à la bouche,
Être soumis, compatissant, pieux,
N'est-ce point là, mon Dieu, ce qu'il faut faire
Pour ressembler aux anges sur la terre,
Ou devenir un ange dans les cieux ?

———

15.

22. LES QUATRE PARTIES DU JOUR.

Le matin au soleil a rendu son empire,
Tout s'éveille et tout rit à sa fraîche clarté :
Quand, avec la lumière, il répand la beauté,
  C'est Dieu que je crois voir sourire
  Dans sa grâce et dans sa bonté.

Midi le fait monter sur son trône de flamme ;
L'œil n'en peut plus alors soutenir la splendeur,
Et je dis, accablé de sa puissante ardeur,
  C'est Dieu qui pénètre mon âme
  Du sentiment de sa grandeur.

Le soir, vers l'horizon sa course descendue
De ces sommets lointains semble chercher l'appui :
Son front découronné d'un feu plus doux a lui :
  C'est Dieu qui permet que ma vue
  Ose s'élever jusqu'à lui !

La nuit d'un crêpe noir enveloppe la terre,
Son souffle éteint du jour le radieux flambeau :
Quand le monde muet semble un vaste tombeau,
  C'est Dieu qui parle en ce mystère,
  Et me promet un jour plus beau.

---

23. NOTRE SEIGNEUR JÉSUS-CHRIST.

   C'est la bonté suprême
Qui, pour nous racheter, s'est offerte elle-même ;
Un Dieu qui tient toujours sa main pleine de dons,

Et ne punit jamais qu'après de longs pardons.
Il aime ceux qui sont semblables à l'enfance,
Et la simplicité qui naît de l'innocence.
Les plus pauvres par lui sont les plus protégés,
Et son aile est ouverte à tous les affligés.
Il promet dans le ciel de faire toujours vivre
Ceux dont la volonté quitte tout pour le suivre ;
Car, pour avoir le prix qu'il nous a destiné,
Il veut que l'on se donne ainsi qu'il s'est donné.

---

24. LA MÈRE ET L'ENFANT.

Il est temps de prier ; allons, viens, mon cher ange ;
Joins tes petites mains et te mets à genoux :
Si pour prier Jésus tu quittes tes joujoux,
Enfant, tu recevras tous ses dons en échange.
Dis-lui, mais songe bien qu'il regarde ton cœur,
Dis que tu veux l'aimer, le servir dès l'enfance ;
Et, sans comprendre encor ce que vaut l'innocence,
Dis : « Mon Dieu, garde-moi comme une blanche fleur.
« Dieu, fais qu'à mon réveil je retrouve ma mère,
« Mon lait et mon gâteau, ma poupée et mon chien ;
« Aujourd'hui j'ai donné, mon Dieu, tu le sais bien,
« Aux pauvres mes bonbons, et c'était pour te plaire. »
En murmurant ces mots, et tombant à demi,
Le sommeil est venu lui clore la paupière ;
O Marie ! à ton fils présente sa prière,
Et daigne protéger cet enfant endormi.

---

25. LA FÊTE D'UNE MÈRE.

Toi si bonne, toi si parfaite,
Qui nous aime avec tant d'amour,
Maman, c'est aujourd'hui ta fête,
Pour tes enfants quel heureux jour!
En échange de nos offrandes,
De nos chants pour toi composés,
De nos bouquets, de nos guirlandes,
Donne-nous beaucoup de baisers.

Pour toi, chaque jour, tendre mère,
Nos voix invoquent le Seigneur;
Mais ce matin notre prière
Avait encore plus de ferveur;
Dieu l'exaucera : sur ta vie
Il répandra tant de bienfaits,
Tant de calme, ô mère chérie,
Que tu ne pleureras jamais.

Puis, pour que tu sois satisfaite,
Nous ferons si bien nos devoirs !
Nous dirons, sans lever la tête,
Notre prière tous les soirs.
Nous ne ferons plus de tapage
Dès que tu nous le défendras,
Et le plus bruyant sera sage
Aussitôt que tu le voudras.

Embrasse-nous donc, mère aimée,
Oh ! presse-nous bien sur ton cœur;

C'est notre place accoutumée,
Dans la joie ou dans la douleur.
Oh ! le cœur d'une bonne mère,
C'est le bien le plus précieux,
C'est un bonheur que Dieu sur terre
Laisse tomber du haut des cieux.

---

26. LE NID DE FAUVETTES.

Je le tiens ce nid de fauvette !
Ils sont deux, trois, quatre petits !
Depuis si longtemps je vous guette ,
Pauvres oiseaux, vous voilà pris !

Criez, sifflez, petits rebelles,
Débattez-vous ; oh ! c'est en vain :
Vous n'avez pas encore d'ailes !
Comment vous sauver de ma main ?

Mais, quoi, n'entends-je point leur mère,
Qui pousse des cris douloureux ?
Oui, je le vois ; oui, c'est leur père
Qui vient voltiger auprès d'eux.

Ah ! pourrais-je causer leur peine,
Moi qui l'été dans les vallons,
Venais m'endormir sous un chêne,
Au bruit de leurs douces chansons ?

Hélas ! si du sein de ma mère,
Un méchant venait me ravir,

Je le sens bien, dans sa misère,
Elle n'aurait plus qu'à mourir.

Et je serais assez barbare,
Pour vous arracher vos enfants!
Non, non, que rien ne vous sépare :
Non, les voici, je vous les rends.

Apprenez-leur dans le bocage
A voltiger auprès de vous ;
Qu'ils écoutent votre ramage,
Pour former des sons aussi doux ;

Et moi, dans la saison prochaine,
Je reviendrai dans les vallons,
Dormir quelquefois sous un chêne
Au bruit de leurs jeunes chansons.

———

27. LE PETIT GLANEUR DANS LES BOIS.

I.

Pauvre enfant égaré, seul et marchant dans l'ombre,
    Que chercher si tard dans les bois ?
Prends garde, mon petit, car la nuit est bien sombre,
    Le vent souffle et couvre ta voix !

Ne crains-tu pas les loups qui rôdent à cette heure
    Dans les taillis de la forêt ?
Prends ce sentier plus clair : regagne ta demeure;
    Enfant, le loup te mangerait.

Pourquoi, seul, et chargé de fagots de bruyère,
    Courir de sentiers en sentiers?
Tu frissonnes de froid : la ronce meurtrière
    Déchire et mord tes petits pieds.

. . . .

Va dormir, mon petit. — Ne crains-tu pas la pluie
    Qui tombe et mouille tes cheveux?
Suspends ces pleurs amers que ta main froide essuie ;
    Enfant, dis-moi ce que tu veux !

II.

Je cherche un peu de bois pour réchauffer ma mère,
    Ma pauvre mère qui se meurt !...
Au chevet de son lit, seul je veille en prière ;
    Pourtant la mort me fait bien peur !
Je suis tout nu ; je n'ai — par madame sainte Anne ! —
    Rien mangé depuis ce matin !
Le vent passe en sifflant à travers la cabane :
    Je suis tout seul, sans feu, sans pain !
Ma mère, dans son lit, près du foyer sans flamme,
    Ma mère aurait froid cette nuit ;
Puis, on tremble sans feu, quand le vent, comme une âme
    Sanglote et pleure vers minuit !...
Je n'ai pas peur des loups : car je dis mes prières
    Bien dévotement chaque soir... —
Mais c'est un vilain temps pour courir les bruyères :
    La pluie est froide et le ciel noir !...

III.

Que Dieu te guide, enfant ! — Regagne ta chaumière,
    Le vent de nuit souffle à glacer ;

Sombre et fatal présage ! Entends, sur la lisière,
    La brouette des morts passer !...

IV.

Le pauvre enfant s'éloigne, et vers son toit emporte
    Le bois des forêts pour son feu ;
Mais sa mère dormait ; mais sa mère était morte :
    Un prêtre au chevet priait Dieu !...

———

28. PRIÈRE DE L'ORPHELIN.

Où sont, mon Dieu, ceux qui devaient sur terre
    Guider mes pas ?
Tous les enfants ont un père, une mère !
    Je n'en ai pas.
Mais votre voix murmure à mon oreille :
    Lève les yeux !
Pour l'orphelin un père est là qui veille
    Du haut des cieux !

———

29. LE PETIT SAVOYARD.

Chant premier. — Le départ.

    « Pauvre petit, pars pour la France ;
Que te sert mon amour ? je ne possède rien.
On vit heureux ailleurs, ici dans la souffrance.
    Pars, mon enfant, c'est pour ton bien.

    « Tant que mon lait put te suffire,
Tant qu'un travail utile à mes bras fut permis,

Heureuse et délassée en te voyant sourire,
    Jamais on n'eût osé me dire :
    Renonce aux baisers de ton fils.

« Mais je suis veuve; on perd sa force avec la joie.
    Triste et malade, où recourir ici?
Où mendier pour toi? Chez des pauvres aussi !
Laisse ta pauvre mère, enfant de la Savoie;
    Va, mon enfant, où Dieu t'envoie.

« Mais, si loin que tu sois, pense au foyer absent ;
Avant de le quitter, viens, qu'il nous réunisse.
Une mère bénit son fils en l'embrassant :
    Mon fils, qu'un baiser te bénisse.

    « Vois-tu ce grand chêne là-bas ?
Je pourrai jusque-là t'accompagner, j'espère.
Quatre ans déjà passés, j'y conduisis ton père ;
    Mais lui, mon fils, ne revint pas.

« Encor, s'il était là pour guider ton enfance,
Il m'en coûterait moins de t'éloigner de moi ;
Mais tu n'as pas dix ans, et tu pars sans défense...
    Que je vais prier Dieu pour toi !...

« Que feras-tu, mon fils, si Dieu ne te seconde?
Seul parmi les méchants, car il en est au monde,
Sans ta mère, du moins, pour t'apprendre à souffrir...
Oh ! que n'ai-je du pain, mon fils, pour te nourrir !

« Mais Dieu le veut ainsi, nous devons nous soumettre :
    Ne pleure pas en me quittant ;

Porte au seuil des palais un visage content.
Parfois mon souvenir t'affligera peut-être...
Pour distraire le riche, il faut chanter pourtant.

« Chante, tant que la vie est pour toi moins amère,
Enfant, prends ta marmotte et ton léger trousseau,
Répète, en cheminant, les chansons de ta mère,
Quand ta mère chantait autour de ton berceau.

« Si ma force première encor m'était donnée,
J'irais, te conduisant moi-même par la main ;
Mais je n'atteindrais pas la troisième journée ;
Il faudrait me laisser bientôt sur ton chemin :
Et moi, je veux mourir aux lieux où je suis née.

« Maintenant de ta mère entends le dernier vœu :
Souviens-toi, si tu veux que Dieu ne t'abandonne,
Que le seul bien du pauvre est le peu qu'on lui donne.
Prie, et demande au riche, il donne au nom de Dieu.
Ton père le disait ; sois plus heureux : adieu. »

Mais le soleil tombait des montagnes prochaines,
Et la mère avait dit : Il faut nous séparer ;
Et l'enfant s'en allait à travers les grands chênes,
Se tournant quelquefois et n'osant pas pleurer.

Chant second. — Paris.

« J'ai faim : vous qui passez daignez me secourir.
Voyez : la neige tombe et la terre est glacée.
J'ai froid : le vent se lève et l'heure est avancée,
Et je n'ai rien pour me couvrir.

« Tandis qu'en vos palais tout flatte votre envie,
A genoux sur le seuil j'y pleure bien souvent.
Donnez ; peu me suffit ; je ne suis qu'un enfant ;
    Un petit sou me rend la vie.

« On m'a dit qu'à Paris je trouverais du pain ;
Plusieurs ont raconté dans nos forêts lointaines
Qu'ici le riche aidait le pauvre dans ses peines ;
Eh bien ! moi, je suis pauvre et je vous tends la main.

    « Faites-moi gagner mon salaire :
Où me faut-il courir? dites, j'y volerai.
Ma voix tremble de froid ; eh bien ! je chanterai
    Si mes chansons peuvent vous plaire.

    « Il ne m'écoute pas, il fuit ;
Il court dans une fête (et j'en entends le bruit)
    Finir son heureuse journée ;
Et moi, je vais chercher, pour y passer la nuit,
    Cette guérite abandonnée.

« Au foyer paternel quand pourrai-je m'asseoir?
    Rendez-moi ma pauvre chaumière,
Le laitage durci qu'on partageait le soir ;
Et, quand la nuit tombait, l'heure de la prière
Qui ne s'achevait pas sans laisser quelqu'espoir.

« Ma mère, tu m'as dit, quand j'ai fui ta demeure :
Pars, grandis et prospère, et reviens près de moi...
Hélas ! et tout petit faudra-t-il que je meure
    Sans avoir rien gagné pour toi ?

« Non, l'on ne meurt point à mon âge;
Quelque chose me dit de reprendre courage...
Eh! que sert d'espérer?... que puis-je attendre enfin?...
J'avais une marmotte, elle est morte de faim. »

Et faible, sur la terre il reposait sa tête;
Et la neige, en tombant, le couvrait à demi.
Lorsqu'une douce voix, à travers la tempête,
Vint réveiller l'enfant par le froid endormi.

« Qu'il vienne à nous, celui qui pleure,
Disait la voix mêlée au murmure des vents;
L'heure du péril est notre heure;
Les orphelins sont nos enfants. »

Et deux femmes en deuil recueillaient sa misère.
Lui, docile et confus, se levait à leur voix;
Il s'étonnait d'abord; mais il vit dans leurs doigts
Briller la croix d'argent au bout du long rosaire;
Et l'enfant les suivit en se signant deux fois.

Chant troisième. — Le retour.

Avec leurs grands sommets, leurs glaces éternelles,
Par un soleil d'été, que les Alpes sont belles!
Tout, dans leurs frais vallons, sert à nous enchanter,
La verdure, les eaux, les bois, les fleurs nouvelles.
Heureux qui sur ces bords peut longtemps s'arrêter!
Heureux qui les revoit, s'il a pu les quitter!

Quel est ce voyageur que l'été leur renvoie?
Seul, loin dans la vallée, un bâton à la main,

C'est un enfant ; il marche, il suit le long chemin
    Qui va de France à la Savoie.

Bientôt, de la colline il prend l'étroit sentier :
Il a mis, ce matin, la bure du dimanche,
    Et dans son sac de toile blanche
Est un pain de froment qu'il garde tout entier.

Pourquoi tant se hâter à sa course dernière ?
C'est que le pauvre enfant veut gravir le coteau,
Et ne point s'arrêter qu'il n'ait vu son hameau
    Et n'ait reconnu sa chaumière.

Les voilà... tels encore qu'il les a vus toujours,
Ces grands bois, ce ruisseau qui fuit sous le feuillage !
Il ne se souvient plus qu'il a marché dix jours :
    Il est si près de son village !

Tout joyeux, il arrive et regarde... Mais quoi ?
Personne ne l'attend ! sa chaumière est fermée !
Pourtant du toit aigu sort un peu de fumée ;
Et l'enfant plein de trouble : « Ouvrez, dit-il, c'est moi. »

La porte cède, il entre, et sa mère attendrie,
Sa mère, qu'un long mal près du foyer retient,
Se relève à moitié, tend les bras et s'écrie :
    « N'est-ce pas mon fils qui revient ? »

Son fils est dans ses bras, qui pleure et qui l'appelle
« Je suis infirme, hélas ! Dieu m'afflige, dit-elle,
Et depuis quelques jours je te l'ai fait savoir,
Car je ne voulais pas mourir sans te revoir. »

Mais lui : « De votre enfant vous étiez éloignée,
Le voilà qui revient, ayez des jours contents ;
Vivez ; je suis grandi, vous serez bien soignée ;
    Nous sommes riches pour longtemps. »

Et les mains de l'enfant, des siennes détachées,
Jetaient sur ses genoux tout ce qu'il possédait,
Les trois pièces d'argent dans sa veste cachées,
Et le pain de froment que pour elle il gardait.

Sa mère l'embrassait et respirait à peine ;
Et son œil se fixait, de larmes obscurci,
    Sur un grand crucifix de chêne,
Suspendu devant elle et par le temps noirci.

« C'est lui, je le savais, le Dieu des pauvres mères
Et des petits enfants, qui du mien a pris soin,
Lui qui me consolait, quand mes plaintes amères
    Appelaient mon fils de si loin.

« C'est le Christ du foyer que les mères implorent,
Qui sauve nos enfants du froid et de la faim ;
Nous gardons nos agneaux et nos loups les dévorent ;
Nos fils s'en vont tout seuls et reviennent enfin !

« Toi, mon fils, maintenant me seras-tu fidèle ?
Ta pauvre mère infirme a besoin de secours ;
Elle mourrait sans toi. » L'enfant, à ce discours,
Grave et joignant ses mains, tombe à genoux près d'elle,
Disant : « Que le bon Dieu vous fasse de longs jours ! »

30. BERGERONNETTE.

Pauvre petit oiseau des champs,
Inconstante bergeronnette,
Qui voltiges, vive et coquette,
Et qui siffles tes jolis chants ;

Bergeronnette si gentille,
Qui tournes autour du troupeau,
Par les prés sautille, sautille,
Et mire-toi dans le ruisseau !

Va, dans tes gracieux caprices,
Becqueter la pointe des fleurs,
Ou poursuivre, aux pieds des génisses
Les mouches aux vives couleurs.

Reprends tes jeux, bergeronnette,
Bergeronnette au vol léger ;
Nargue l'épervier qui te guette :
Je suis là pour te protéger.

Si haut qu'il soit je puis l'abattre...
Petit oiseau, chante !... et demain,
Quand je marcherai, viens t'ébattre,
Près de moi, le long du chemin.

C'est ton doux chant qui me console
Je n'ai pas d'autre ami que toi :
Bergeronnette, vole, vole,
Bergeronnette, devant moi !...

31. L'OREILLER D'UN ENFANT.

Cher petit oreiller ! doux et chaud sous ma tête,
Plein de plume choisie, et blanc ! et fait pour moi !
Quand on a peur du vent, des loups, de la tempête,
Cher petit oreiller, que je dors bien sur toi !

Beaucoup, beaucoup d'enfants pauvres et nus, sans mère,
Sans maison, n'ont jamais d'oreiller pour dormir ;
Ils ont toujours sommeil. O destinée amère !
Maman, douce maman, cela me fait gémir.

Et quand j'ai prié Dieu pour tous ces petits anges
Qui n'ont pas d'oreiller, moi, j'embrasse le mien ;
Seule dans mon doux nid qu'à tes pieds tu m'arranges,
Je te bénis, ma mère, et je touche le tien !

Je ne m'éveillerai qu'à la lueur première
De l'aube ; au rideau bleu, c'est si gai de la voir !
Je vais dire tout bas ma plus tendre prière :
Donne encore un baiser, douce maman ! bonsoir !

———

32. L'AUMONE.

Voici venir, mes sœurs, le dernier mois d'automne ;
Un beau jour maintenant est rare et passager ;
Le pauvre, demi-nu, des premiers froids s'étonne,
    Travaillons pour le soulager.

Toi, reprends, Aglaé, l'aiguille intelligente,
    Qui nous rend nos bouquets de fleurs ;

Toi, la navette diligente,
Qui marie en courant leurs soyeuses couleurs.

Donnez-moi mes pinceaux ; la nature éveillée
Se dégage de l'ombre, et rit de toutes parts ;
Un rayon de soleil court sur l'herbe mouillée,
Et ces pâles bouleaux rassemblent les brouillards
        Autour de leur cime effeuillée.

Poursuivons un projet par le cœur entrepris :
Appliquons-nous, mes sœurs, faisons de beaux ouvrages,
Que les pauvres vendront aux riches de Paris.
Nous, à Dieu seulement demandons-en le prix,
        Sans rechercher d'autres suffrages.

L'hiver sera, mes sœurs, plus rude qu'on ne croit :
Et déjà, dans la cour, d'un ton piteux et triste,
Un tout petit enfant demande qu'on l'assiste,
En soufflant dans ses mains toutes rouges de froid.

Vous avez vu souvent au seuil du presbytère
Cette femme encor jeune, et d'un maintien tremblant,
Qui nourrit un enfant, pâle comme sa mère,
        Et qui pleure en le consolant.

Au sortir de l'église, hier je l'ai cherchée :
On m'a dit que, malade et n'ayant point d'abri,
Dans la grange prochaine elle s'était couchée,
Et que l'enfant souffrait d'être si mal nourri.

Ma mère en a pleuré, puis m'a donné pour elle,
Et j'ai couru bien vite apporter ce secours.

Mais ce n'est point assez : travaillons avec zèle,
Mes sœurs, et de tous deux nous sauverons les jours.

     Dans notre livre de prières,
(Je l'ai lu bien souvent, mes sœurs), il est écrit
     Que tous les pauvres sont nos frères ;
Oui, qu'ils sont comme nous enfants de Jésus-Christ.

La fortune ici-bas n'est pour nous qu'une épreuve ;
Qui possède beaucoup doit donner beaucoup d'or ;
Et qui possède peu devra donner encor ;
C'est le cœur qui fait tout : le denier de la veuve
     Sera compté comme un trésor.

Tel est des livres saints l'enseignement suprême,
Qu'un ange suit le pauvre et veille sur ses pas,
Qu'un refus est là-haut puni comme un blasphème ;
Qu'un cri de faim maudit tous ceux qu'il n'émeut pas,
Et qu'en donnant au pauvre, on prête à Dieu lui-même.

Et si vous en doutez, écoutez le récit
D'un miracle opéré par le chef des apôtres,
     En des temps meilleurs que les nôtres :
Il s'est fait à Joppé ; la Bible nous le dit.

« Une femme y mourut qui pratiquait l'aumône,
Nourrissait l'orphelin, accueillait l'exilé,
Et de son toit béni ne renvoyait personne,
Sans l'avoir satisfait ou du moins consolé.

A saint Pierre aussitôt le peuple vint l'apprendre ;
On avait exposé la morte en sa maison,

Et tous les gens de bien étaient en oraison,
    Le suppliant de la leur rendre.

Tous les pauvres surtout, les pauvres désolés,
Lui contaient ses bienfaits, lui peignaient leurs alarmes;
Les veuves, les enfants lui montraient, tous en larmes,
    Leurs habits qu'elle avait filés.

Il se mit à genoux, et pria.—Sur la sainte
    La grâce de Dieu descendit.
« *Levez-vous!* » lui dit-il. La morte l'entendit!
Et tous crurent à Dieu dans la funèbre enceinte,
    Quand l'apôtre la leur rendit.

Donnons, mais sans éclat, et même avec mystère;
Là-haut veille, mes sœurs, un témoin précieux.
Donnons; ce qu'on répand d'aumônes sur la terre
    S'amasse en trésor dans les cieux.

----

33. RETOUR DE TOBIE.

Hélas! il était temps que le jeune Tobie
A son malheureux père allât rendre la vie.
Depuis qu'il est parti, ce vieillard désolé,
Comptant de son retour le moment écoulé,
Se traînait chaque jour aux portes de Ninive.
Son épouse guidait sa démarche tardive.
Le vieillard restait seul, assis sur le chemin.
Vers chaque voyageur il étendait la main :
Le voyageur passait, et Tobie en silence
Pour la reperdre encore attendait l'espérance.

Le jeune homme obéit à ces ordres divins,
Et Tobie aussitôt voit la clarté céleste.
— « Gloire à toi, cria-t-il, Dieu puissant que j'atteste !
« J'avais péché longtemps, et longtemps je souffris ;
« Mais je revois enfin et le ciel et mon fils ;
« O mon Dieu ! je rends grâce à ta bonté propice :
« Oui, ta miséricorde a passé ta justice. »

---

34. LE RETOUR DANS LA PATRIE.

O combien il est doux de respirer encore
Cet air du ciel natal où l'on croit rajeunir !
Cet air qu'on respira dès sa première aurore,
Cet air tout embaumé d'antiques souvenirs !
Il est doux de le voir balancer le feuillage
Du chêne couronné qui prêta son ombrage
     A nos rêves au fond des bois,
Ou, comme un vieil ami dont on connaît la voix,
De l'entendre siffler sur l'herbe des collines
Et prolonger le soir, à travers les ruines,
     Les sourds murmures d'autrefois.
Il est doux de s'asseoir au foyer de ses pères,
A ce foyer jadis de vertus couronné,
Et de dire, en montrant le siége abandonné :
Ici chantait ma sœur, là méditaient mes frères,
Là ma mère allaitait son charmant nouveau-né ;
Là le vieux serviteur nous contait l'aventure
De deux jumeaux perdus dans la forêt obscure ;
Là le fils de la veuve emportait notre pain ;
Là sur le seuil couvert de deux figuiers antiques,

16.

A l'heure où les brebis rentraient aux toits rustiques,
Le chien du laboureur venait lécher ma main.
Notre âme en remontant à ses premières heures,
Ranime tour à tour ces fantômes chéris,
Et s'attache aux débris de ces chères demeures...
    S'il en reste au moins un débris !
Ainsi, quand nous cherchons en vain dans nos pensées
D'un air qui nous charmait les traces effacées,
    Si quelque souffle harmonieux,
Effleurant au hasard la harpe détendue,
En tire seulement une note perdue,
    Des larmes roulent dans nos yeux;
D'un seul son retrouvé l'air entier se réveille,
Il rajeunit notre âme et remplit notre oreille
    D'un souvenir harmonieux.

---

35. MON VILLAGE.

Combien je te regrette
Beau ciel de mon pays,
Et toi, douce retraite,
Que toujours je chéris !
Soleil qui fais éclore
Les trésors de l'été,
Dois-tu me rendre encore
La vie et ma gaîté ?

Une erreur trop commune
Égara ma raison ;
Je rêvai la fortune
Et l'éclat d'un vain nom ;

Mais, aujourd'hui plus sage,
D'un regard attendri,
Je cherche mon village
Et mon premier ami.

Vers cette heureuse terre
Qui me ramènera ?
Là repose ma mère ;
L'amitié m'attend là.
O pensers pleins de charmes,
Endormez ma douleur !
Et vous, coulez, mes larmes,
Et soulagez mon cœur.

Une fleur étrangère,
En de tristes climats,
Sur sa tige légère
Cède au poids des frimas.
Jeune, ainsi je succombe
Faible comme la fleur :
Ici je vois la tombe,
Là-bas est le bonheur.

Je veux, dès mon aurore
Surpris d'un froid mortel,
Me réchauffer encore
Au foyer paternel.
Chaque jour ma patrie
Charme mon souvenir...
Là commença ma vie,
Là je veux la finir.

———

36. ADIEU AUX ENFANTS.

On vous quitte à regret, joyeux enfants qu'on aime,
En qui l'on croit se voir tel qu'on était soi-même
Dans ces jours radieux d'innocence et d'espoir
Où l'âme réfléchit le ciel comme un miroir.
On vous quitte à regret, puis on vous cherche encore,
Comme aux feux de midi l'on regrette l'aurore,
Comme au sommet du mont, où l'on arrive las,
L'œil se tourne rêveur vers le vallon d'en bas;
Le frais vallon rempli d'ombrages et de mousses,
Où dans l'herbe et les fleurs chantent des voix si douces!
Ce mont qu'il faut gravir avec peine et sueurs,
Chers enfants, c'est la vie ; et ce vallon de fleurs,
Où le regard ému se reporte sans cesse,
C'est l'enfance, aujourd'hui votre frêle richesse.
Hélas ! et vous aussi vous devrez le quitter
Pour suivre la montagne ardue et la monter !
O mes jeunes amis ! ô mes blondes abeilles !
Hâtez-vous ! de miel pur emplissez vos corbeilles !
Hâtez-vous : ce beau temps ne doit pas revenir.
Faites-vous un trésor utile à l'avenir,
Un trésor de vertus, d'études, de sagesse,
Qui ne s'amasse bien qu'aux jours de la jeunesse.
Dans le rude chemin où vous devez marcher,
Cœurs lâches et pieds mous sont sûrs de trébucher.

FIN.

TABLE

POÉSIES.

FIN DE LA TABLE.

Paris. — Imprimerie de P.-A. BOURDIER et Cie, 30, rue Mazarine.